# RENOV'LIVRES 2007

# DÉCOUVERTE

## DES

# ANCIENS VERNIS

## ITALIENS

EMPLOYÉS

## POUR LES INSTRUMENTS A CORDES

### ET A ARCHETS

### PAR M. EUGÈNE MAILAND

PARIS

IMPRIMERIE DE CH. LAHURE ET Cⁱᵉ

RUES DE FLEURUS, 9, ET DE L'OUEST, 21

1859

# DÉCOUVERTE

## DES

# ANCIENS VERNIS

## ITALIENS

# DÉCOUVERTE

## DES

# ANCIENS VERNIS

## ITALIENS

EMPLOYÉS

POUR LES INSTRUMENTS A CORDES

ET A ARCHETS

## PAR M. EUGÈNE MAILAND

PARIS

IMPRIMERIE DE CH. LAHURE ET C<sup>ie</sup>

RUES DE FLEURUS, 9, ET DE L'OUEST, 21

1859

# PREMIÈRE PARTIE

# CHAPITRE I.

### Avant-propos.

Les amateurs d'instruments à cordes et les luthiers regrettent avec raison que les formules des vernis des anciens maîtres crémonais ne soient pas parvenues jusqu'à nous. Comment se sont-elles perdues? Est-ce parce qu'ils les conservaient secrètes? nous ne le pensons pas; car les instruments des élèves qu'ils ont formés, sauf quelques variations dans la nuance de la coloration, ont des vernis à peu près identiques aux leurs. Il ont dû nécessairement être abandonnés peu à peu, à l'époque de la décadence de la lutherie de Crémone, et remplacés alors par ceux qui ont été produits dans le commerce. Ces vernis leur étaient bien supérieurs au point de vue de la solidité, mais ils avaient le grave défaut d'être trop durs pour des instruments. En effet, à l'époque à laquelle les maîtres italiens travaillaient, la fabrication des vernis était encore dans l'enfance ; cependant ces hommes, qui connaissaient si bien leur art, avaient reconnu que ceux qu'on fabriquait de leur temps et qu'ils appropriaient à leur usage, quoique mauvais pour d'autres besoins, étaient précisément ceux qui convenaient le mieux à leurs instruments. Ils les ont conservés malgré les progrès qui se sont faits dans la fabrication des vernis pour l'industrie vers la fin du XVII$^e$ siècle, tels que ceux qui ont amené l'importation de la gomme laque et les efforts tentés pour dissoudre le succin et le copal dur. Mais ce n'est que dans la seconde moitié du XVIII$^e$ siècle que les formules empiriques dont on s'était servi jusqu'alors furent délaissées, à partir de cette époque, quelques savants, par des travaux consciencieux, ayant fait sortir la fabrication des vernis de la routine dans laquelle elle était plongée depuis si longtemps.

Martin, dans la première moitié du XVIIIe siècle[1], avait trouvé le moyen de faire un vernis à l'huile avec le copal dur de Calcutta. Quelques années après[2], Watin fit paraître son traité des vernis, dans lequel on trouve beaucoup de formules bien étudiées. Au commencement de ce siècle, Tingry[3] compléta les travaux de Watin ; mais malheureusement ces progrès réels et sérieux, qui avaient rendu de grands services, ne convenaient pas à la lutherie, dont on s'était peu préoccupé, et qui eut le tort de se laisser aller à l'engouement bien justifié de ce qui se faisait alors pour des produits autres que les siens. Il en est résulté qu'en adoptant ces nouvelles formules elle s'éloigna de son but sans s'en douter, car l'expérience du temps seule a pu l'avertir qu'elle avait rétrogradé sur ce point. Mais alors la célèbre lutherie de Crémone était éteinte, et il était trop tard

1. En 1744 ; voy. p. 65.
2. Paris, 1772.
3. Traité des vernis, publié à Gênes en 1803.

pour remonter à la source. Depuis, M. Tripier-Deveaux a publié son traité des vernis[1], dans lequel il
a résumé toutes les questions élucidées jusqu'à lui,
et a aussi ajouté aux travaux de ses prédécesseurs de
nouvelles et importantes observations. Enfin, dans
ces derniers temps, la fabrication a fait de grands
progrès, au point de vue des applications indus-
trielles, pour lesquelles il faut, en outre du brillant,
une grande solidité, afin de résister autant que possible à toutes les causes de destruction. Ces qualités sont précieuses sans doute; mais ce ne sont pas
précisément celles qui importent le plus à la lutherie, car elle a besoin avant tout d'une souplesse constante et durable, ainsi que nous le dirons plus loin.

Par suite, sauf bien entendu des exceptions, qu'est-
il arrivé depuis plus d'un demi-siècle, aux ouvriers
qui, sortis des ateliers de leurs patrons, se sont éta-
blis pour devenir maîtres à leur tour? Ce qui arrive
toujours alors qu'une question n'a pas été nette-
ment posée et n'a pu par suite être étudiée par des
hommes spéciaux et consciencieux; c'est-à-dire

1. Paris, 1845.

qu'elle n'a fait aucun progrès. En effet, les patrons faisaient un secret de la composition de leurs vernis, comme si cela seul devait faire passer leur nom à la postérité. C'est du reste l'indication la plus certaine de l'importance qu'ils attachent comme nous à cette question ; et alors l'ouvrier nouvellement établi, habile d'ailleurs dans son art, n'ayant aucun guide, fut obligé de prendre, un peu au hasard, dans les traités spéciaux une formule de vernis qu'il arrangea pour ses besoins ; puis, lui aussi, il la conserva secrète, pensant avoir mieux réussi que son voisin, jusqu'à ce que le temps en ait fait justice. Par suite on cherche toujours sans trouver. Nous disons sans trouver, puisque rien n'a été publié à cet égard ; et cela nous le répétons, parce que cette question est restée mystérieusement enfermée dans l'atelier du luthier.

Nous n'avons jamais eu la pensée de soutenir que, depuis qu'on a perdu la trace des vernis des anciens maîtres, on ne sait pas vernir un instrument. Les faits nous donneraient à cet égard un démenti, la lutherie en France n'ayant jamais été plus florissante. Nous reconnaissons, au contraire, que plusieurs de nos luthiers font de très-bons instruments, qui rivaliseront probablement un jour avec ceux de quelques-uns des anciens maîtres. Mais cependant ils ne sont pas revêtus d'un vernis aussi beau, ni aussi translucide, ni aussi souple. Il n'y a pas, en un mot, sous ce rapport, d'égalité dans leur manière de faire. Pourquoi? Probablement parce qu'ils ne sont pas encore complétement satisfaits de ce qu'ils ont, et qu'ils se laissent aller, eux aussi, à essayer des vernis blancs qu'ils trouvent dans le commerce, qui ne sont pas faits pour eux, et qu'ils colorent ensuite avec des laques plus ou moins convenables. C'est précisément parce qu'il nous a paru que cette question n'était pas encore résolue, que nous avons été conduits aussi à chercher. Si nous ne trouvons rien de mieux que ce qui existe, nous aurons du moins, nous l'espérons, éclairé la route à suivre en publiant les recherches et les tentatives que nous avons faites.

La question du reste en vaut la peine ; non pas que nous croyions qu'un vernis réunissant les conditions nécessaires ait la vertu de rendre bon un mauvais violon, mais parce que nous sommes convaincu qu'un mauvais vernis pourra détruire complétement un excellent instrument, au moins pour un temps assez long.

Nous l'avons déjà dit, l'art de faire les vernis à l'époque à laquelle les grands maîtres vivaient était à l'état naissant. Néanmoins nous sommes certain qu'ils employaient ceux qu'ils trouvaient dans le commerce et qu'ils appropriaient à leurs besoins. C'est ce qui nous explique pourquoi eux aussi ont changé quelquefois, alors que de nouvelles formules se produisaient. Mais s'ils ont délaissé une formule pour une autre, ils sont toujours restés dans les conditions de souplesse qu'ils avaient reconnues nécessaires. Quant à la coloration, elle importe peu à la qualité du vernis comme pâte, si on peut s'exprimer ainsi ; et s'ils ont souvent varié à cet égard, cela ne pouvait dépendre que de la demande de l'acheteur, de leur goût, ou du plus ou moins de solidité des matières colorantes. Quoi qu'il en soit, les vernis qu'ils ont employés étaient excellents pour cette application spéciale, puisque les instruments qu'ils en ont recouverts sont arrivés jusqu'à nous après plus de deux cents ans dans un bel état de conservation, et que ces vernis les ont protégés, tout en leur laissant une entière liberté de vibration. Par suite, il nous a paru que, pour arriver à la solution de la question qui nous occupe, ce que nous avions à faire avant tout était de rechercher comment on formulait les vernis pendant l'existence de la lutherie italienne.

# CHAPITRE II.

Quel était l'état de la fabrication des vernis aux époques auxquelles les célèbres luthiers italiens travaillaient.

Il serait difficile de savoir, par l'analyse chimique, comment étaient composés les vernis qu'ont employés les anciens luthiers, d'une part, parce que les résines et le véhicule qui a servi à les dissoudre sont oxydés depuis longtemps, et d'une autre part, parce que, à moins d'avoir un instrument hors de service, en supposant que cette analyse fût encore possible, ils sont d'un trop grand prix pour qu'on les soumette à un travail qui les détériorerait et leur ôterait leur valeur. Or, nous croyons arriver plus sûrement au but que nous nous proposons d'atteindre, en examinant ce qu'était la fabrication des vernis en Italie pendant la période de l'existence de l'école de la lutherie italienne, bien convaincu qu'ils n'ont pu employer que ce qui était alors connu dans l'industrie.

Avant d'aller plus loin, il est nécessaire de nous fixer sur la durée de cette période. Dans le dictionnaire des musiciens de M. Fétis, nous trouvons que les luthiers ci-après ont travaillé :

André Amati à partir de 1551 ;

Antoine et Jérôme Amati, fils d'André, de 1589 à 1627 ;

Nicolas Amati, fils de Jérôme, jusque vers 1690 ;

Stainer, élève et gendre d'un des Amati, à partir de 1644 ;

Stradivarius, de 1700 à 1734

Et les Guarnérius de 1662 jusque vers 1740.

Il y a sans doute d'autres luthiers italiens que

nous aurions pu citer, mais ces noms suffisent pour nous fixer sur les dates dont nous avons besoin. C'est donc entre l'année 1550 et celle de 1740, c'est-à-dire pendant près de deux siècles, que nous aurons à faire des recherches.

En étudiant les formules de vernis que nous allons transcrire, extraites de différents auteurs, et après quelques essais infructueux, nous n'avons pas tardé à reconnaître que plusieurs des gommes et résines qui y sont indiquées, n'ont plus aujourd'hui le même nom que celui qu'on leur donnait alors; qu'en outre certaines résines avaient même plusieurs noms, telles que la sandaraque, qu'on appelait aussi vernis à écrire, ambre oriental, gomme de genièvre et gomme persienne. Du reste, on a encore aujourd'hui dans le commerce la déplorable habitude de donner plusieurs noms aux résines. Ainsi l'animé s'appelle également tacamaque, le copal dur prend le nom d'animé dur en Angleterre, le succin s'appelle aussi karabé et ambre jaune, le dammar friable est plus connu sous le nom de copal tendre, etc. Il nous a donc fallu tout d'abord nous mettre en garde contre les noms donnés aux résines à ces diverses époques ; et, pour éviter toute confusion, nous indiquerons en notes leurs noms actuels. Les vernis dont nous allons transcrire les formules, sont ceux qui se faisaient jadis en Italie, et les pesées qui sont indiquées sont celles de la livre italienne, qui n'avait que douze onces. Son rapport avec nos mesures décimales est celui-ci :

La livre de 12 onces vaut... 321 grammes,
L'once vaut............... 26    —
La dragme vaut........... 2    —    22 cent.

# ALEXIS, PIÉMONTAIS.

---

## SECRETS DES ARTS,

### PUBLIÉS EN 1550.

Voici les formules que nous avons trouvées dans ce livre et que nous allons transcrire sans rien changer à la naïveté du style.

## N° 1.

Prends benjoin et le broie, puis mets en fiole et y verse dessus eau-de-vie très-bonne tant qu'elle passe le benjoin de deux ou trois doigts et le laisse ainsi deux ou trois jours, puis y ajoute pour demi

fiole d'eau-de-vie cinq ou six fils de safran légèrement estampés ou tout entiers. Ce fait, tu le couleras et d'un pinceau en verniras telle chose dorée
que tu voudras, laquelle deviendra reluisante en
séchant et durant plusieurs années.

## N° 2.

Pour donner beau lustre aux peintures.

Prends résine de pin grasse et blanche[1] une
livre, gomme de prunier 2 onces, térébenthine
de Venise 1 once, huile de semence de lin 2 onces.
Prends premier, la résine et la défais, et la
coule[2] ainsi chaude; trempe ta gomme en huile
commune tant quelle soit défaite[3], et la coule aussi;
mets la térébenthine, huile et toutes choses ensemble en un pot qui ne soit gras, sur un petit feu,
le mêlant toujours, tant que tout soit bien incorporé
ensemble; ôte-le du feu et le garde.

---

1. Ce doit être ce que nous appelons aujourd'hui galipot.
2. Il veut dire de la verser
3. Faire fondre sur le feu.

Et quand tu voudras mettre en œuvre, fais que ce vernis soit un peu chaud et l'enduis sur la peinture, comme on fait avec tout autre vernis, et ton ouvrage sera bien luisant.

## N° 3.

Pour faire une liqueur de laquelle on use pour vernir sur les peintures. Prends huile de lin, puis vernis d'ambre[1] qui soit belle 3 onces, incorpore-les bien à petit feu, puis les mets en œuvre chaud en forme de vernis, et te viendra bien, soit en bois, toile vieille et en tout ouvrage, mais il faut le faire dextrement.

## N° 4.

Autre qui séchera incontinent.

Prends encens mâle et vernis à écrire, à savoir la

1. Mélange d'huile et de poix grecque qui provient des sapins de la Calabre.

sandaraque qui est gomme de genièvre, autant que tu veux ; réduis-les en poudre la plus déliée que tu puisses et les incorpore ensemble. Prends puis térébenthine de Venise et la mets en un vaisseau non gras et la défais, puis mets dedans lesdites poudres petit à petit, les incorporant bien sans le faire trop tendre, mais bien à point et, ainsi chaude, la couleras par l'étamine[1] ; et quand tu en voudras user chauffe-la et étends fort déliée, et te fera ton ouvrage fort luisant et se séchera incontinent et bien.

## N° 5.

Prends mastic 2 onces, térébenthine de Venise claire 1 once ; ayant broyé le mastic, mets-le en un petit pot neuf et le défais à petit feu, puis y mets la térébenthine et la laisse bouillir pendant quelque temps la mêlant toujours, puis y mets icelle téré- benthine et ne laisse bouillir quasi rien, à cause

1. Étoffe claire qui sert à faire les drapeaux et pavillons de navires, dont on se servait alors pour filtrer.

qu'elle fait le vernis trop visqueux ; et pour savoir quand il est cuit boutes-y dedans[1] une plume de géline, et si elle brûle soudain, elle est faite. Contre garde de la poudre[2], et quand tu en voudras user mets-là chauffer au soleil et enduis-la avec la main partout. Quand elle sera sèche, elle donnera très-beau vernis.

## N° 6.

Huile de lin, 3 livres, que tu feras bouillir ; et, pour savoir si elle l'est assez, boutes-y dedans une plume de géline, et si elle brûle incontinent, elle sera cuite. Puis prends

Sandaraque.... ............... 8 onces.
Aloès hépatique................ 4 —

Pulvérise-les préalablement, puis la mets dans l'huile bouillante et remue jusqu'à liquéfac-

1. Plonger, y tremper le bout.
2. Mettre à l'abri de la poussière.

tion ; passe par l'étamine, et tu perdras la moitié inutile étant trop épaisse qui ne pourra pas
servir.

Pour l'employer faire chauffer au soleil.

## N° 7.

Mastic et sandaraque 2 onces de chaque ; étant
mis en poudre mêle-les en huile de lin et esprit-de-
vin, de chaque 3 onces, et fais cuire le tout l'espace
d'une heure au bain-marie dans un vaisseau de verre
bien bouché.

Enfin, pour colorer les vernis, il indique les
couleurs suivantes : le santal rouge, le sandragon, la garance trempée en eau de tartre,
les bois de Campêche et de Brésil hachés me-
nu, la tondure d'écarlate : le tout dissous dans
lessive de barbier à laquelle il faut ajouter alun ;
et faire réduire ensuite par l'ébullition. Enfin, le
cinabre (faux vermillon), le safran et l'orpiment.

Puis, parlant de la solidité des couleurs, il ajoute :
« L'huile de lin fait mourir les couleurs demi-
minérales, mais non les minérales et les végétales. »

# FIORAVANTI.

---

## MIROIR UNIVERSEL DES ARTS ET DES SCIENCES,

PUBLIÉ A BOLOGNE EN 1564.

Nous trouvons dans cet ouvrage les quatre formules suivantes :

## N° 8.

| | | |
|---|---|---|
| Huile de lin . . . . . . . . . . . . . . . . . . . . . | 4 | parties. |
| Huile de pin (essence de térébenthine). | 2 | — |
| Aloès . . . . . . . . . . . . . . . . . . . . . . . . | 1 | — |
| Sandaraque . . . . . . . . . . . . . . . . . . . . | 1 | — |

Ce vernis s'applique sur les cuirs.

## N° 9.

Benjoin, sandaraque et mastic; pulvérisez-les bien, mettez dessus de l'eau-de-vie. Faites digérer le mélange à feu doux ou au soleil; les gommes se dissoudront facilement et formeront un vernis très-brillant et qui séchera promptement.

## N° 10.

Vernis turc, qui sert aussi à vernir la tôle et pour les imprimeurs :

| | |
|---|---|
| Huile de lin................ | 1 partie. |
| Poix grecque [1]............, | 3     — |

Faites bouillir à feu lent jusqu'à ce qu'elles

1. Cette poix, nous l'avons dit, provient des sapins de la Calabre; notre poix résine ferait probablement le même effet.

soient bien incorporées ensemble. On mêle les couleurs qu'on veut avec cette composition.

## N° 11.

Huile de lin.............. 1 partie.
Poix grecque ............ 2 —
Résine de pin............ 1/2 —

Faites bouillir jusqu'à ce que le vernis soit vis-queux.

Fioravanti dit aussi que, pour les vernis à l'essence, où entre la sandaraque, souvent on les manque pour ne pas savoir la manière de la cuire, parce que, si on met la sandaraque avant que l'huile soit cuite[1], elle se brûle. Ainsi il faut,

1. Cette remarque est très-juste, car pour faire cuire l'huile de lin afin de la rendre plus siccative en y ajoutant de la litharge, il faut la porter à 300 degrés, tandis que la sandaraque fond de 100 à 120 degrés environ.

premièrement, cuire l'huile et la laisser refroidir, ensuite y mettre la sandaraque en poudre, et incorporer à feu lent. Enfin, il ajoute : « La manière la plus commune est de faire bouillir l'huile jusqu'à ce qu'elle brûle les barbes d'une plume qu'on y trempe ; quelques-uns y ajoutent une mie de pain, selon la quantité d'huile qu'ils cuisent, parce qu'elle en absorbe la graisse et la rend plus facile à sécher. »

Sur les couleurs, on ne trouve dans Fioravanti rien de plus que ce qu'en a dit Alexis et que nous avons rapporté ci-dessus. Puis il ajoute, comme ce dernier : « Les couleurs minérales et végétales se peuvent employer à l'huile, mais les demi-minérales ne peuvent se mettre en œuvre, sinon à la détrempe ; car l'huile les fait mourir. »

Après les deux auteurs que nous venons de citer, nous ne trouvons que des formules éparses, dans les ouvrages de divers missionnaires qui les avaient rapportées de Chine. Nous donnerons la date de la publication des ouvrages dans lesquels nous les avons trouvées. Mais elles ont dû nécessairement être communiquées antérieurement à ces publications, qui n'ont paru qu'après un temps plus ou moins éloigné du retour de ces missionnaires. La même observation s'applique à Alexis le Piémontais et à Fioravanti, qui étaient les encyclopédistes de leur temps.

# AUDA.

---

## RECUEIL ABRÉGÉ DES SECRETS MERVEILLEUX,

publié en 1663.

Le père Auda donne la formule suivante :

## N° 12.

| | |
|---|---|
| Huile de térébenthine.......... | 2 onces. |
| Térébenthine................. | 1 — |
| Sandaraque.................. | 1/2 dragme. |

Incorporez à feu lent et conservez.

# ZAHN.

## OCULUS ARTIFICIALIS,

PUBLIÉ EN 1685.

Le P. Zahn, dans cet ouvrage, tome III, p. 166,
donne les deux formules suivantes :

### N° 13.

Gomme élémi . . . . . . . . . . .  
Gomme animée . . . . . . . . .  
Encens blanc . . . . . . . . . . .  de chacune 2 dragmes.  
Ambre blanc [1] . . . . . . . . .

Pulvérisez, faites digérer dans un vase de verre

1. On donnait autrefois ce nom au copal demi-dur et tendre, que

avec du vinaigre distillé[1] en y ajoutant 2 dragmes de gomme adragante et 4 de sucre candi. Faites ensuite dessécher le tout, et le pulvérisez en poudre; prenez une livre d'huile d'aspic ou de térébenthine, et ajoutez-y six onces de térébenthine de Chypre; faites cuire au bain-marie. Lorsque la térébenthine sera dissoute, mettez-y les poudres, et les mêlez bien avec la spatule. Faites bouillir pendant trois heures, et vous aurez un vernis très-rare et très-précieux.

## N° 14.

| | |
|---|---|
| Huile d'aspic.................... | 2 onces. |
| Mastic ......................... | 1 — |
| Sandaraque..................... | 1 — |
| Térébenthine................... | 1/2 — |

Pulvérisez le mastic et la sandaraque, mettez

M. Guibourt dans son histoire des drogues simples appelle animé tendre d'Amérique. « Il se présente, dit-il, sous cinq formes différentes : 1° Ambre blanc de Cayenne, 2° ambre blanc du Brésil, 3° animé tendre de Hollande, 4° copal tendre du Brésil, 5° résine de Carthago. » Mais c'est surtout le copal tendre qui était employé; car nous verrons, plus loin, qu'à cette époque on ne savait pas encore dissoudre le copal dur.

1. Acide acétique.

bouillir l'huile au bain-marie. Quand elle sera bien chaude, mettez-y la térébenthine, et lorsqu'elle sera dissoute, les poudres de mastic et de sandaraque, puis vous laisserez au bain-marie jusqu'à dissolution des résines.

# MORLEY (CHRISTOPHE).

—

## COLLECTANÆA CHINICÆA LYDENSIA,

PUBLIÉS EN 1692.

Le P. Morley donne dans cet ouvrage la formule suivante, sous le nom de vernis italien :

## N° 15.

Térébenthine............... 8 onces.

Cuisez sur le feu, jusqu'à ce qu'elle soit réduite à
une once, qui sera dure et fragile. Lorsqu'elle sera

refroidie, on la réduira en poudre, et on la jettera dans l'huile de térébenthine chaude ; elle s'y dissoudra. Il faudra alors la laisser reposer, et séparer le plus clair pour s'en servir.

# CORONELLI.

---

## EPITOME COSMOGRAPHIQUE,

PUBLIÉ EN 1693.

Le P. Coronelli indique cette formule :

## Nº 16.

Faites dissoudre à feu nu de la sandaraque ; ajoutez-y de l'essence de térébenthine, puis de l'huile d'aspic, puis de l'esprit-de-vin pour l'allonger ; et si on veut l'avoir odorant, mettez-y du benjoin.

# POMET.

---

## HISTOIRE GÉNÉRALE DES DROGUES,

PUBLIÉE A PARIS EN 1694, ET RÉIMPRIMÉE EN 1735.

On trouve dans cet ouvrage, liv. VII, chap. LIX, cinq espèces de vernis sans indication des proportions.

Le premier, qu'il appelle vernis blanc, est composé d'huile de térébenthine, de térébenthine de Venise et mastic.

Le deuxième, huile d'aspic, sandaraque, térébenthine fine.

Le troisième, couleur d'or, huile de lin, sandaraque, aloès succotin, gomme-gutte et litharge d'or.

Les deux autres sont des vernis à l'alcool.

## LE R. P. BONANNI, JÉSUITE.

---

### TRAITÉ DES VERNIS,

PUBLIÉ A ROME EN 1713.

Cet ouvrage, qui est le premier traité complet qui ait paru en Italie, a été traduit en français, et publié à Paris par Laurent d'Houry, en 1723. Il a un grand intérêt, car il a dû nécessairement résumer tous les progrès faits jusqu'à lui dans la fabrication des vernis. Puis il nous indique précisément ce qu'on savait faire à l'époque à laquelle travaillaient Stradivarius et Guarnérius. Nous y avons trouvé de précieux renseignements qui nous permettront de conclure avec certitude.

Avant de formuler les vernis, il donne la liste des

résines qui étaient en usage de son temps, ainsi qu'il suit :

1º Gomme laque en bâtons, en grains ou en tablettes [1].

2º Sandaraque, appelée, par les écrivains, vernis et gomme persienne. Vormius, parlant de cette gomme dans son Muséum, dit qu'elle se nomme vernis, parce qu'on la recueille au printemps, qui se dit en latin *vernum*; les Arabes la nomme sandaraque.

3º Le mastic qui naît dans l'île de Chio.

Ces trois gommes solubles en alcool.

4º La gomme copal, résine blanche et transparente qui se trouve dans la Nouvelle-Espagne en Amérique. On s'en servait comme parfum pour encenser, elle ne se dissout point ou peu dans l'esprit-de-vin. Il y en a de deux sortes, la seconde s'appelait karabé ou faux karabé [2].

Un chimiste allemand la dissolvait avec l'esprit-de-

---

1. Le vernis de gomme laque a été rapporté de Chine en Europe par le P. Jamart, dans la première moitié du xvii° siècle, et publié en 1667 par le P. Kircher, dans son ouvrage de la *China illustrata*.

2. Copal demi-dur et copal tendre.

térébenthine. Un autre, après l'avoir pilée grossièrement, la faisait bouillir dans une eau empreinte de sel de tartre, où elle se dissout ; il la précipitait ensuite en y versant de l'eau-de-vie à discrétion ; puis il pilait de nouveau ce résidu, et jetait peu à peu cette poudre dans la térébenthine commune ou celle de Venise chaude, ou dans l'huile de térébenthine, mais elle reste trop épaisse et a peine à sécher[1].

5° L'ambre ou succin, parce que c'est un suc congelé et non produit par des arbres. Pline le connaissait, mais s'est trompé sur son origine.

6° Le bitume de Judée.

7° La poix grecque provenant des sapins de la Calabre.

8° Une gomme peu connue qui provient des oliviers sauvages, mais dont on ne fait pas usage ; elle ressemble à la scamonée rouge.

Outre ces gommes, il y en a d'autres, mais qui ne sont pas employées dans les vernis, et dont parlent les historiens, comme la gomme élémi, l'animé, l'arabique, celle de prunier, de cerisier et d'azelo-

---

1. La crème des tartres dénature le copal et ne le dissout pas.

lier. Il en découle aussi du hêtre, du cèdre et du pêcher. Il y a, en outre de cela, la gomme-gutte, l'encens, la myrrhe, l'opopanax, la gomme ammoniaque. Il distille encore d'autres humeurs grasses de certains arbres, comme l'huile de térébenthine, de copaïba (copahu) et d'autres dont je ne parlerai pas, comme étant inutiles.

Telles sont les résines indiquées par Bonanni et qu'on employait alors pour faire les vernis. Ce sont encore les seuls dont nous nous servons aujourd'hui ; et si nos vernis sont très-supérieurs à ceux de cette époque pour tous les besoins de l'industrie, cela tient seulement à la manière de travailler les résines. Cependant l'abbé Bonanni a omis dans cette liste le benjoin, et c'est à tort qu'il a rangé l'élémi et l'animé parmi les gommes arabiques et de prunier : car ce sont des gommes résines très-solubles et très-employées dans les vernis à l'alcool, surtout l'élémi, à cause de la souplesse qu'il leur communique. On s'en servait cependant avant lui, et le P. Zahn les avait employées toutes deux dans la formule que nous avons donnée sous le n° 13.

Parmi les formules qu'on trouve dans cet ouvrage, voici celles qu'il nous parut nécessaires d'en extraire.

## N° 1.

Sandaraque deux onces, qu'on fait cuire à part; puis on jette dessus une once de térébenthine, bien lavée à l'eau chaude cinq fois préalablement; puis on ajoute de l'huile d'aspic.

## N° 2.

Sandaraque............... 1 partie
Huile de lin............... 2 —

Pendant qu'elle bout, jetez-y la sandaraque, en poudre, remuant sans cesse jusqu'à fusion.

Mastic................... 1 once,

qu'on fait bouillir dans une demi-once d'huile de

lin jusqu'à ce qu'elle ait jeté son écume ; puis on met ces deux compositions à feu lent et on filtre.

## N° 3.

Un prêtre maronite, Donato Aldoense, a envoyé la recette suivante au P. Bonanni :

Huile de lin................ 1 once
Mastic de Perse[1]........... 1 once 1/2,

que l'on fait fondre ; après quoi on y met l'huile, jusqu'à ce qu'il se forme une écume blanche. Lorsqu'on veut s'en servir pour colorer des objets, on le mêle avec des couleurs pulvérisées.

Ce vernis devient très-dur.

## N° 4.

M. Garnier, médecin de la reine de Pologne, a

[1]. Sandaraque.

communiqué à l'abbé Bonanni la formule suivante d'un vernis pliant et souple sous le coup de marteau.

On fait bouillir la térébenthine de Venise, et on ajoute autant pesant de copal pulvérisé. On fait bouillir le tout un quart d'heure, remuant bien avec un bâton, puis on y met de l'huile cuite; on fait incorporer ensemble sur le feu, puis on rend le vernis aussi liquide qu'on le veut avec de l'essence d'aspic ou de térébenthine; il faut l'employer un peu chaud.

## N° 5.

Il donne aussi le moyen de faire dissoudre le succin, en le faisant fondre d'abord à feu nu, puis y ajoutant peu à peu de l'essence de térébenthine et remuant sans cesse, ou de l'huile cuite.

Cette recette lui a été donnée en 1695 par Ferdinand Saint-Urbain, Lorrain, habile graveur de médailles. Mais il ajoute en note qu'après avoir essayé, il a remarqué que le succin, si on le laisse refroidir après l'avoir fondu à feu nu, s'écrase sous les doigts et ne conserve aucune union dans ses parties, sans pouvoir, par la suite, reprendre sa première dureté, et que l'huile et le succin brunissent beaucoup; qu'il reste comme une gelée, et qu'ainsi on n'en peut faire usage ; puis il ajoute : *la gomme copal ne s'y dissout pas mieux.*

## N° 6.

Gomme copal pulverisée............ 2 parties
Poix grecque..................... 1   —

Faire fondre à feu lent jusqu'à ce que, remuant avec un bâton, elle tombe d'elle-même en goutte ; on jette alors un peu d'huile chaude, remuant sans cesse, puis on couvre le pot.

Si on ne veut pas employer la poix grecque, la composition m'a mieux réussi en jetant la gomme copal pulvérisée dans le vernis d'ambre liquéfié et chaud [1], remuant sans cesse sur un feu lent, afin

1. Nous avons déjà dit que ce vernis d'ambre était un mélange

que le tout s'incorpore bien; puis on filtre par torsions dans un linge, on laisse déposer et on allonge avec l'huile d'aspic ou de térébenthine[1].

## N° 7.

Enfin le P. Bonanni dit qu'avant d'employer le vernis sur du bois, il faut le couvrir du vernis suivant pour l'encoller :

| | |
|---|---|
| Huile d'aspic...................... | 8 onces |
| Sandaraque en poudre............. | 5 — |

le tout étant bien incorporé sur le feu, on en enduit tout chaud[2] la pièce que l'on veut vernir, et lorsqu'elle est sèche, on y met le vernis.

d'huile et de poix grecque, et que cette dernière provenait des sapins de la Calabre.

1. En ajoutant l'essence après avoir laissé refroidir, le copal sera nécessairement précipité, parce qu'il n'aura pas été cuit à une assez haute température, et qu'il se trouve plus à l'état de suspension qu'en solution dans ce vernis sirupeux et poisseux, qui ne peut être, du reste, appliqué que sur des ouvrages grossiers.

2. Il recommande de chauffer le vernis, parce que la sandaraque

Plus loin il conseille la colle de poisson chaude comme encollage.

Il nous paraît inutile de donner un plus grand nombre d'exemples pour apprécier comment étaient composés les vernis à l'époque à laquelle travaillaient les maîtres crémonais, ils sont du reste suffisants pour nous conduire à la solution de la question que nous examinons.

se dissout mal, aussi bien dans l'essence d'aspic que dans celle de lavande ou de romarin, avec lesquelles elle forme un liquide très-sirupeux lorsque le vernis est refroidi, il faut donc chauffer pour le liquéfier. Il serait bien préférable de dissoudre la sandaraque dans l'alcool, qui la dissout complétement ; on aurait un meilleur encollage, qu'on pourrait rendre plus souple en ajoutant 30 gr. d'élémi.

# CHAPITRE III.



Conséquences à tirer des formules anciennes, et qualités que doivent posséder les vernis pour les instruments.

Avant d'examiner quelle conclusion nous pouvons tirer des exemples que nous venons de donner, il est nécessaire d'abord de se fixer sur les qualités indispensables que doit avoir un vernis pour les instruments de musique. Un vernis est-il nécessaire, et quel est le rôle qu'il joue ? La réponse à cette question n'est ni difficile, ni embarrassante à faire. Si on ne vernissait pas les instruments à cordes, ils seraient complétement perdus dans un espace de temps qui n'atteindrait pas deux années; du reste il nous suffira de transcrire ici ce qu'a dit à cet égard M. Félix Savart, dans son remarquable mémoire sur les instruments à cordes et à archet. Voici comment il répond à cette question :

« Le vernis sert à la beauté en même temps qu'il rend la qualité de son permanent; lorsqu'on néglige de vernir la table, l'instrument perd de son moelleux et de sa force. Personne n'ignore que les guitares dont les tables ne sont pas vernies perdent beaucoup en vieillissant, il en est de même des pianos-forte : on pourrait penser qne dans ce dernier instrument, la détérioration, après quelques années de services, dépend uniquement de la pression considérable des cordes multipliées qui sont tendues sur la table; mais elle tire encore son origine d'une autre source ; si elle dépendait seulement de la cause qu'on lui assigne, le son ne deviendrait pas aigu et maigre comme il le devient: il deviendrait sourd et faible, comme j'ai eu occasion de le remarquer, quand je faisais des violons dont les tables étaient trop minces, ou auxquelles je ne mettais pas de barre ; ils devenaient sourds à mesure que la table s'enfonçait, et jamais maigres. Il paraît que, dans les pianos-forte, les ébranlements communiqués à la table par une grande quantité de cordes qui vibrent harmoniquement avec le son principal, détruisent peu à peu la contexture du bois, en expulsant un grand nombre de particules sous forme de poussière ; car si l'on travaille le sapin qui a servi à un forte, il paraît très-poreux et comme pourri ; il est présumable que l'humidité de l'air est pour beaucoup dans ce changement de nature : car les violons ne se détériorent pas, quoique très-chargés par leurs cordes, tandis que les guitares qui ne sont guère plus chargées se détériorent très-promptement. Il en est de même des violons quand on ne les vernit pas ; le son a d'abord plus de force et de moelleux que s'ils étaient vernis ; mais il se modifie peu à peu et devient ensuite faible et maigre, ce qui arrive après un temps assez court. »

Nous n'avons rien à ajouter à cela, M. Savart reconnaît, comme nous l'avions avancé, qu'un vernis est indispensable. Mais s'il en est ainsi, quelles sont donc les conditions qu'il doit remplir ? Il doit avant

tout être très-souple et conserver sa souplesse jusqu'à destruction complète, afin de ne pas gêner la
vibration des tables; avoir en même temps assez de
solidité pour résister à l'action des frottements et
protéger longtemps l'instrument. Cette souplesse
est en outre nécessaire, parce que le bois travaille
toujours sous l'influence des variations atmosphé-
riques. On sait que pendant les saisons humides,
en hiver principalement, les bois absorbent de
l'eau, se gonflent et se dilatent, tandis qu'en été,
dans les temps de chaleur et de sécheresse, ils se
resserrent sur eux-mêmes. Quelque imperceptibles
que soient ces mouvements, il faut néanmoins que
le vernis puisse les suivre, et s'il était trop dur, il
les gênerait infailliblement. Le même effet se produit sur les toiles des tableaux à l'huile qui se dilatent ou se resserrent suivant la sécheresse ou
l'humidité de la saison. Aussi on a bien soin
de n'employer maintenant que des vernis souples
à l'essence. Nous disons maintenant, parce qu'on
a essayé aussi les vernis à l'alcool, mais ils étaient
trop durs, si on y faisait intervenir la gomme
laque, et ne pouvaient se prêter au travail dont nous

venons de parler ; ou si on ne les composait que de résines souples qui sont friables, ils ne duraient pas. Par suite, les vernis à l'alcool ont été aussi délaissés pour cet usage. On a donc repris ceux à l'essence, qui sont naturellement plus souples, parce que cet excipient ne s'évapore pas complétement, tandis que l'alcool se vaporise entièrement et laisse les résines à nu. Ce qui a été reconnu vrai pour les tableaux, l'est également et par les mêmes raisons pour les instruments de musique. Pour qu'un vernis à l'alcool résiste à l'action des frottements, il faut nécessairement y faire entrer de la gomme laque, et la rendre moins dure en y adjoignant des résines sèches et molles, telles que l'élémi, le mastic et les térébenthines. Mais pour que ces résines tendres ne soient pas trop promptement détruites, il faudra une certaine quantité de gomme laque, et alors le vernis serait trop dur. Il est certain que l'instrument sur lequel on le poserait, quelque bon qu'il fût, serait perdu, parce que ses tables n'auraient plus assez de liberté pour vibrer, et qu'elles seraient emprisonnées sous cette espèce de cuirasse. Si au contraire on ne composait son vernis que de mastic en larmes et élémi, ou de sandaraque animé et benjoin, qui sont toutes des résines tendres, il serait trop mou, trop friable, il s'userait promptement, l'instrument qui en serait revêtu se dépouillerait au bout d'un temps trop court pour qu'on puisse en espérer un long service. Et cependant on vernit considérablement d'instruments à la gomme laque. Mais aussi, quelle que soit leur qualité comme construction, ils manquent de souplesse, et on n'en peut obtenir que des sons durs et sifflants. C'est pour cette raison que nous n'avons pas donné dans les exemples ci-dessus les nombreuses formules de vernis à l'alcool qu'on trouve dans les ouvrages que nous avons cités. Cependant tous les anciens maîtres, depuis André Amati jusqu'à Guarnérius et Bergonzi, se sont bien gardés d'employer des vernis à l'alcool, qu'ils connaissaient parfaitement. Celui à la gomme laque, qui a été publié en 1667 par le P. Kircher, ainsi que nous l'avons dit, était connu de Nicolas Amati, de Stradivarius, de Guarnérius et autres luthiers de leur temps. Mais malgré la supériorité incontestable de cette gomme-résine dans les vernis à l'alcool, ils ne s'en sont pas servis ; parce que, ces hommes, qui ne donnaient rien au hasard, avaient certainement reconnu les inconvénients que nous venons de signaler.

Mais alors comment cette souplesse constante pourra-t-elle être obtenue ? Rien n'est plus facile ; il suffira de dissoudre les résines dans un véhicule qui, ne se volatilisant pas complétement, combinera sa partie grasse avec elles, empêchera les résines tendres de fariner, et donnera à celles résistantes une mollesse ou une souplesse suffisante pour qu'elles ne reprennent pas leur dureté naturelle. Les liquides les plus convenables sont les essences d'aspic, de lavande, de romarin et de térébenthine combinées avec de l'huile de lin. Il nous suffit, pour le moment, d'avoir posé ce principe, pour examiner si les formules de vernis que nous avons extraites des anciens auteurs peuvent être employées à vernir des instruments de musique. Nous n'hésitons pas à nous prononcer affirmativement.

En effet, plusieurs de ces formules nous donneront précisément la qualité que nous recherchons, en les appropriant à l'usage auquel nous les destinons, et surtout en les allongeant, parce que telles qu'elles sont elles donneraient des vernis beaucoup trop épais, trop visqueux, qui sécheraient difficilement et resteraient longtemps poisseux. Nous allons les examiner successivement dans l'ordre où nous les avons présentées.

Des recettes tirées d'Alexis, les quatre premiers numéros ne peuvent s'appliquer à ce que nous cherchons. Nous ne les avons données que pour indiquer ce qu'était la fabrication des vernis à cette époque, et de quelles résines on se servait alors. Ainsi voulait-on un vernis pour objets dorés, le numéro 1 indique le benjoin et le safran. Ce vernis n'est qu'une teinture; pour qu'il fût un peu plus solide, il aurait fallu y ajouter du mastic et de la sandaraque.

Le numéro 2 peut avoir de la souplesse; mais c'est un vernis commun et trop lourd. La gomme du premier n'est pas une résine, elle n'est pas soluble dans les huiles, et c'est une superfétation en présence de la térébenthine de Venise. Enfin ce vernis serait trop épais; aussi recommande-t-il de l'employer à chaud.

La même observation s'applique au n° 3 : ce serait un vernis trop lourd ; il faudrait qu'ils fussent tous deux allongés, ainsi que celui du n° 4, avec de l'essence de térébenthine ; mais les résines employées n'offriraient pas assez de solidité pour résister à l'action des frottements.

Le n° 5 pourrait donner un bon vernis, si au lieu de remettre une seconde fois de la térébenthine de Venise, on l'allongeait avec de l'essence de térébenthine ou de romarin, afin de le mettre à consistance convenable. Le mastic allié à l'un ou l'autre de ces deux véhicules est une excellente résine qui a beaucoup de liant, de solidité, et la seule qui supporte bien le poli.

Le n° 6 pourrait faire un vernis passable en mettant moins d'huile et l'allongeant avec de l'essence de térébenthine. Alexis indique dans cette formule l'emploi de l'aloès hépathique, qui, dissous à feu nu dans l'huile et l'essence de térébenthine peut donner un vernis rouge ; nous y reviendrons plus loin.

Le n° 7, composé de mastic en larmes et sandaraque, serait aussi un bon vernis, en remplaçant l'esprit-de-vin par l'essence et en faisant cuire la sandaraque à feu nu, car à froid ou au bain-marie elle n'est soluble que dans l'alcool.

Des quatre formules données par Fioravanti, le n° 8, qui a été composé pour vernir le cuir, contiendrait trop d'huile, la sandaraque employée seule ne résisterait pas longtemps.

Le n° 9 donne une formule préférable, qu'on pourrait améliorer en cuisant dans l'essence et l'huile les trois résines indiquées.

Les n°ˢ 10, 11, 12 et 13 ont été formulés pour d'autres applications.

Alexis et Fioravanti n'ont pas inventé toutes les formules qu'ils donnent; ils étaient, nous l'avons dit, les encyclopédistes de leur temps. Ces vernis ont dû nécessairement être connus avant eux, et même de Duiffoprugear, l'un des plus anciens luthiers dont les noms sont arrivés jusqu'à nous. Dans tous les cas, André Amati, ainsi que ses fils Antoine et Jérôme, qui étaient contemporains d'Alexis et de Fioravanti, ont certainement verni leurs instruments avec des formules analogues, dans lesquelles ils faisaient entrer le mastic, et ils ont dû les colorer, soit avec du santal mêlé avec le rocou, qui détruit la solidité, ainsi que nous le dirons plus loin, soit avec du sandragon mal dissous : car leurs instruments sont presque complétement décolorés ; et cependant, sous la touche, sous le cordier et dans les coins des éclisses, on retrouve encore des teintes rouges.

Sous les nᵒˢ 14, 15 et 16, nous avons indiqué des formules qui ont été publiées de 1685 à 1693 par les PP. Zahn, Morley et Coronelli ; elles sont déjà préférables aux précédentes.

Celle nᵒ 14 serait certainement la meilleure, parce qu'elle contient du mastic ; mais elle aurait besoin, ainsi que les deux suivantes, d'être allongée avec de l'essence.

Cèlle nᵒ 15 donnerait un vernis qui se dépouillerait plus promptement, et celle nᵒ 16 devrait être étendue avec de l'essence au lieu d'alcool. Il faudrait supprimer le benjoin, qui est insoluble dans l'essence, ou au moins l'y faire dissoudre à feu nu avec la sandaraque.

Enfin, les formules de Pomet, publiées en France en 1694 rentrent dans les mêmes conditions que celles ci-dessus, et paraissent avoir été importées d'Italie.

Parmi celles extraites du traité du P. Bonanni,

Celle n° 1 aurait besoin d'être allongée avec de l'essence ; mais ce vernis ne serait pas assez solide, parce que la sandaraque et la térébenthine sont des résines trop tendres et trop molles.

Nous n'avons donné les formules 2 et 3 que pour indiquer comment on faisait à cette époque les vernis à l'huile.

Les n°ˢ 4, 5 et 6, ne sont que des essais, des tentatives pour dissoudre les résines dures, et l'abbé Bonanni constate ainsi lui-même que, de son temps, on ne savait pas encore faire cuire le copal dur. Il en avait déjà fait l'aveu en donnant la liste des résines qui servaient alors à fabriquer les vernis, liste que nous avons transcrite plus haut.

Ceci nous amène à relever beaucoup d'erreurs qui se trouvent dans des ouvrages où il est question du vernis des instruments à cordes. Ainsi parle-t-on des violons des anciens maîtres, on se contente de dire *à priori* et sans examen de la question : « Ils étaient revêtus d'un vernis à l'huile. »

Laquelle? est-ce l'huile fixe ou l'essence qu'on nomme huile essentielle, ou ces deux huiles mêlées ensemble? puis cela ne constituerait pas un vernis. Quelles résines y a-t-on fait dissoudre? on n'en dit rien.

Nous venons de voir ce qu'on appelait autrefois un vernis à l'huile, et comment on le fabriquait. On commençait alors par rendre l'huile siccative en la cuisant à feu nu, on la laissait refroidir; puis on remettait sur le feu, on incorporait les résines et on les cuisait à une température d'environ 100 à 120 degrés seulement, parce qu'on n'employait alors que des résines tendres ou molles, et que si on avait chauffé plus fort, on les aurait brûlées, tandis qu'aujourd'hui on appelle vernis à l'huile, ou vernis gras, celui qui est fait avec des résines dures, telles que les copals et le succin cuits dans l'huile et l'essence de térébenthine à une température de plus de 300 degrés. Ces vernis, qui s'emploient pour les travaux extérieurs et pour vernir les voitures, donnent une couche très-dure. Le copal tendre ou dammar friable, traité de la même manière et employé seul, ferait sans doute un vernis souple, mais qui serait trop friable pour résister longtemps. On voit la différence qu'il y a entre les vernis à l'huile qu'on faisait autrefois et ceux qu'on fabrique aujourd'hui. Or, dire seulement : « les anciens instruments étaient recouverts d'un vernis à l'huile, » c'est mettre dans l'erreur ceux qui prendraient cette assertion à la lettre, puisque l'un était composé de résines tendres et l'autre de résines dures. Les anciens vernis dits à l'huile, sont nos vernis à l'essence qu'on emploie dans les intérieurs.

Dans le mémoire, dont nous avons déjà parlé, de M. Félix Savart, nous trouvons ce qui suit : « En général, on estime les violons dont le vernis est à l'huile ; je croirais assez que c'est avec raison : comme il est plus liant que celui qui est fait à l'esprit-de-vin, il convient mieux pour des instruments dont les tables sont minces, parce qu'en les pénétrant, il leur donne plus de consistance ; je crois, au contraire, que pour des violons dont les tables sont épaisses, le meilleur vernis est celui qui pénètre moins dans le bois et qui lui laisse toutes ses qualités naturelles. Celui de gomme laque dissoute jusqu'à saturation dans l'esprit-de-vin rectifié à 34 ou 36 degrés m'a paru très-convenable, il se sèche promptement et n'est pas sujet à s'écailler. »

Et plus loin quand il parle des couleurs telles que le safran et le rocou « Il paraît, dit-il, qu'elles nuisent au bois et contribuent à rendre les sons aigres; le vernis à la gomme laque donne une teinte fort belle à laquelle on pourrait se tenir *et qui ne nuit en aucune manière.* »

Il est inconcevable qu'un homme qui avait autant étudié les instruments, quoique son système n'ait pas prévalu, soit tombé dans de si grandes erreurs. Il commence par dire qu'on estime les violons dont le vernis est à l'huile, par la raison qu'il est plus liant que celui à l'esprit-de-vin. Sa raison est bonne, mais il ne l'admet que pour des violons dont les tables sont minces. Cependant s'il convient à ceux-là, il est évident qu'il conviendra à plus forte raison à ceux dont les tables sont très-fortes, qui auront probablement moins de souplesse dans la vibration. Pour les alléger que conseille-t-il? un vernis à la gomme laque très-épais, aussi épais que possible, et qui sera, par suite, le plus dur, le plus résistant et le plus sec de tous les vernis à l'alcool.

La gomme laque, on le sait, employée seule, éclate
facilement et est très-peu brillante. Pour la rendre
souple et luisante il faut lui associer des résines
molles et de la sandaraque. Le vernis que M. Savart conseille est celui de l'ébéniste, qui ne contient
que de la gomme laque, et si son vernis a du liant
et un très-beau brillant, c'est parce qu'il en fait un
vernis gras en le mêlant mécaniquement à l'aide
de son tampon à une quantité considérable d'huile
de lin ; c'est ce mélange avec l'huile qui rend la
gomme laque facilement extensible et lui donne le
liant et le brillant nécessaire. Nous pensons que ce
vernis ainsi étendu d'huile n'aurait pas assez de
souplesse pour les instruments. Quant à celui proposé par M. Savart, nous le répétons, il arriverait
ceci : l'alcool se volatiliserait de suite, ne communi-
querait aucune souplesse à la gomme laque, qui
reprendrait en peu de temps la dureté et la sécheresse qui lui sont propres. Par suite, on peut affirmer d'avance qu'un instrument ainsi verni, quelque
bon qu'il fût, perdrait en très-peu de temps sa
souplesse, et deviendrait de plus en plus dur en
vieillissant, jusqu'à ce que la gomme laque soit

complétement oxydée. C'est alors seulement que les tables pourraient reprendre un peu de liberté de vibration, mais il faudrait bien des années pour qu'il en fût ainsi, et l'instrument lui-même serait probablement à cette époque hors de service.

Les autres raisons données par M. Savart ne sont pas meilleures, alors qu'il dit que le vernis à l'huile est préférable, parce qu'en pénétrant les tables il leur donne plus de consistance, et sa préférence tient à ce que celui à l'alcool les pénètre moins. Nous ne pouvons pas admettre cette opinion plus que l'autre. Car on recherche en lutherie les bois les plus secs; ceux en un mot qui ont perdu leurs résines, et M. Savart conseillerait de leur faire absorber celles qui sont contenues dans les vernis pour leur donner plus de consistance. C'est évidemment là une grave erreur, qui ne peut soutenir la discussion. Nous croyons au contraire que les maîtres crémonais, ainsi que nous le dirons plus loin, enduisaient préalablement leurs instruments d'un léger encollage, précisément pour empêcher cette pénétration, et alors l'action nuisible de certaines couleurs que M. Savart signale tombe d'elle-même.

Du reste, quant au rocou, c'est la plus mauvaise, ou du moins la plus fugace de toutes, car elle ne résiste pas à une insolation de trois heures.

Si nous ouvrons l'ouvrage de M. Otto Saxon, intitulé : *Essai sur la construction et la conservation des instruments à archet*, publié en 1817, qui contient bien des erreurs de dates sur l'époque à laquelle vivaient les Amati, nous trouvons des erreurs d'un autre genre. Ainsi il dit que Jérôme Amati vernissait ses violons au succin. Plus loin, en parlant de ceux de Nicolas Amati, il ajoute : « Leur vernis est à l'huile et de couleur jaune rouge ; j'en ai cependant vu quelques-uns qui étaient de couleur brune. » Ceci ne nous apprend rien. D'ailleurs si Amati a vernis au succin, son vernis était à l'huile, puisque cette matière n'est soluble qu'à feu nu dans l'huile. Puis, arrivant à Stradivarius et parlant de ses violons, il dit : « Leur vernis au succin est brun foncé ; il y en a cependant quelques-uns qui sont brun jaune. » Enfin, en parlant de Stainer : « Ses instruments, dit-il, ont tous été vernis à l'huile, dont la couleur est rouge jaune ; quelques-uns ont le corps de l'instrument brun foncé et la table jaune. »

Nous pourrions multiplier les citations, car presque tous les ouvrages dans lesquels on s'occupe plus ou moins de lutherie ne font que répéter ce que nous venons de rapporter. Mais à quoi bon? Ce serait fatiguer le lecteur inutilement; ce qui précède est suffisant pour démontrer comment l'erreur s'est propagée. Tous ces auteurs se sont copiés les uns les autres sans plus d'examen, en se contentant de dire: « C'était un vernis à l'huile, » comme si cela disait tout. Mais M. Olto, en allant plus loin, a commis une bien autre erreur, lorsqu'il a avancé que Jérôme Amati, qui a travaillé de 1589 à 1627 et Stradivarius jusqu'en 1734 environ, ont verni leurs instruments au succin. Nous avons démontré plus haut que du temps de Stradivarius, et encore moins à l'époque de Jérôme Amati, on ne savait pas faire le vernis au succin, ni au copal dur de Calcutta. L'abbé Bonanni le dit par deux fois dans son traité. On essayait alors, et on était loin d'avoir réussi; du reste, nous l'avons dit: ce vernis et celui de copal seraient détestables pour les instruments, parce que, quoique ces matières, pour être miscibles aux huiles, soient préalablement fondues à feu nu, ce qui les détériore et les dénature, elles sont encore dans cet état beaucoup trop dures.

L'erreur de M. Otto ne peut s'expliquer que de cette manière : il est Allemand ; dans son pays on fait presque tous les vernis à l'huile au succin, comme en France et en Angleterre on les fait avec le copal dur ; et sans autre examen il se sera dit : « C'est un vernis à l'huile, donc il est au succin. » A moins qu'il ait été trompé par le nom d'ambre blanc, qu'on donnait autrefois au copal tendre, ou par ce mélange d'huile et de poix grecque auquel on donnait le nom, ainsi que nous l'avons vu plus haut, de vernis d'ambre. On sait que le succin s'appelle aussi ambre et karabé : mais il nous est facile de donner la preuve que même Stradivarius n'a pas connu le vernis au copal ou au succin, qui a porté le nom de vernis Martin, et qui a été inventé par M. Delaporte, son beau-père. Ce vernis, dit M. Tripier-Deveaux dans son traité, date de 1737 ; c'est précisément l'année pendant laquelle Stradivarius est mort[1] à un âge très-avancé. Nous ne critiquons pas

1. Voy. l'ouvrage de M. Vuillaume sur les luthiers italiens.

cette date, qui peut être celle de l'invention ; mais celle de l'exploitation , par suite du privilége qui a été accordé à Martin, est de 1744. Nous avons trouvé ce privilége à la Bibliothèque impériale, dans la table des édits concernant les fermes royales unies pendant la sixième année du bail de Forceville, 1743-1744, p. 32 ; il est ainsi conçu :

« 18 février 1744, arrêt du conseil qui permet à Simon-Étienne Martin le cadet, de fabriquer, faire vendre et débiter, pendant vingt années, dans toute l'étendue du royaume, toutes sortes d'ouvrages en relief, dans le goût du Japon et de la Chine , avec le vernis du feu sieur Delaporte, son beau-père, duquel il a le secret, et défend à toutes personnes autres que Guillaume Martin, son frère aîné, sa veuve et ses enfants, d'inventer, faire et contrefaire lesdits ouvrages en relief, à peine, etc. »

Ces priviléges ont été remplacés par les brevets d'invention. Mais on n'était pas alors obligé, comme on l'est aujourd'hui, lorsqu'on prend un brevet, de faire une description de l'invention. Par suite, la recette de Martin est restée secrète pendant son ex-ploitation ; mais elle est connue depuis longtemps, car Watin l'a publiée dans son traité des vernis, en 1772. Cette invention consistait à faire cuire le copal dur à feu nu et à le dissoudre dans l'huile presque bouillante, qu'on allongeait d'essence élevée à la même température, avant de la verser dans l'huile. C'est, en un mot, le vernis gras dont nous avons parlé plus haut, qui, par suite, n'a pu être employé qu'à partir de 1737. Personne ne doutera maintenant, nous l'espérons, que Stradivarius n'a pas verni avec du succin, qu'on est obligé de traiter par la même méthode.

Sans aucun doute, ce vernis est très-dur et trop résistant. Il le serait encore plus si on pouvait faire dissoudre les résines sans les détruire par l'action du feu. Mais à quoi résiste-t-il mieux que tous les autres ? à l'action du soleil, au refroidissement subit des nuits, à ciel découvert, à l'influence de la lune, comme on dit, qui est bien innocente à cet égard, enfin à la gelée et à la pluie ; et ce qui résiste le plus à toutes ces influences, c'est autant l'huile que le copal ou le karabé : car lorsque ces vernis ont perdu leur huile, suivant la remarque si juste de M. Tripier-Deveaux, leur destruction ne tarde pas à

arriver. Si on employait ces vernis sur des instruments, leurs sons sortiraient difficilement et devien-
draient sifflants. Ce n'est évidemment pas cette solidité qu'on doit rechercher ; car on ne laisse pas
un violon à la pluie et au soleil, ils sont, au contraire, soigneusement renfermés dans des boîtes,
lorsqu'on ne s'en sert pas, ou au moins placés dans
des pièces saines. Les vernis des anciens maîtres
sont si loin d'avoir ces qualités de solidité, qu'ils ne
résisteraient certainement pas un mois si on les
soumettait à cette épreuve de l'injure du temps,
par la raison qu'ils n'employaient dans leurs vernis
que des résines tendres et qu'ils contenaient moins
d'huile.

Nous avons dit que c'est à partir de la décadence
de la lutherie de Crémone, qui a coïncidé avec les
progrès de la fabrication des vernis, qu'on a abandonné ceux dont nous recherchons la composition,
et qu'on a alors employé les vernis à la gomme
laque mêlée avec des résines plus ou moins souples,
le tout dissous dans l'alcool. C'est ainsi qu'ont été
vernis les instruments de Guadaguigni (Jean-Baptiste)
et autres qui ont généralement peu de sonorité. On

comprend, en effet, que les luthiers se soient alors empressés d'employer ce vernis très-siccatif qui leur permettait, en moins de huit jours, de vernir un violon aussi bien en hiver qu'en été. Mais, nous ne saurions trop le répéter, tout vernis qui perd complétement son véhicule, ou du moins auquel ce dernier ne communique aucune souplesse, sera toujours mauvais pour les instruments, parce que les résines ne seront pas améliorées : si elles sont trop dures, le vernis sera sec, s'écaillera et étouffera les sons; si elles sont trop molles, il ne sera pas solide, farinera, perdra en peu de temps son brillant et se dépouillera après quelques années. Sans doute, on pourrait approprier les vernis à l'alcool avec de l'essence de térébenthine ou de lavande, du baume de copahu, de l'huile de ricin, qui leur donneraient de la souplesse et de la solidité, on pourrait ainsi les rendre moins siccatifs que ceux à l'huile et à l'essence; mais, à quoi bon? mieux vaut se servir de ces derniers.

Au commencement de ce siècle, on s'est aperçu qu'on avait fait fausse route, et on a reconnu que les anciens s'étaient servi d'un vernis plus moelleux, qui avait conservé toute sa souplesse ; puis, on s'est dit, avec raison : il n'y a que l'intervention de l'huile qui a pu leur communiquer cette propriété. Ce principe posé, on a fait de nombreux et infructueux essais ; parce qu'au lieu de rechercher comment on fabriquait les vernis aux époques auxquelles les luthiers italiens travaillaient, on a plus ou moins bien approprié les vernis gras ou à l'huile qu'on fabrique depuis l'invention de Martin, sans se rendre compte de la différence considérable qui existe entre les uns et les autres. En effet, les vernis à l'huile d'autrefois, comme ceux à l'essence pure, qui ne contiennent que des résines tendres, ne sont à bien dire, suivant l'expression de M. Tripier-Deveaux, que des teintures de résines. Ils sont très-convenables pour les instruments, on sait maintenant pourquoi, et on ne peut réellement donner le nom de vernis qu'à ceux à l'huile qu'on fabrique aujourd'hui à feu nu avec les résines dures. Enfin, après bien des tâtonnements, quelques luthiers sont encore revenus aux vernis à l'alcool, que, dans ces derniers temps, on est parvenu à rendre plus liants, plus souples, plus corsés, mais aussi plus durs et plus résistants. Ils sont très-bons pour les travaux en vue desquels ils ont été faits, mais ils ne répondent en aucune façon aux besoins de la lutherie.

Cette digression un peu longue était nécessaire pour mieux faire apprécier l'état de la question. Nous revenons à notre conclusion, que, si les vernis qu'on a essayés depuis soixante ans et plus n'ont pas les qualités de ceux qu'ont employés les anciens maîtres, sauf bien entendu quelques exceptions que nous n'avons pas besoin de nommer, il est facile de les retrouver dans les formules qui étaient connues à l'époque où ils vivaient. Nous avons vu plus haut comment étaient composés les vernis qui pouvaient le mieux s'approprier aux exigences des instruments de musique, et nous avons la conviction la plus profonde que ce sont ceux-là même qui ont été employés par les anciens maîtres, conviction que nous avons acquise non-seulement par des recherches, mais encore par des expériences répétées et longuement suivies, comme il était nécessaire pour des essais qui avaient besoin qu'il s'écoulât après eux un espace de temps suffisant pour être appréciés.

Mais, nous dira-t-on, les luthiers crémonais avaient peut-être le secret d'un vernis qui n'était pas dans le commerce et qui a été perdu avec eux. A cela, nous répondons que nous comprenons bien qu'une personne ait pu, faisant mieux que ses concurrents, avoir un secret, qu'elle ait emporté avec elle en mourant; mais qu'il n'est pas supposable un instant, qu'une chose qui a existé plus d'un siècle, et qui s'est transmise pendant plusieurs générations de luthiers, soit restée secrète. Elle devait nécessairement être connue de tout le monde, et n'a été abandonnée qu'au moment où un progrès considérable s'est fait dans la fabrication des vernis. On croyait trouver mieux, ce qui prouverait au besoin qu'on n'avait pas autre chose que ce qui se faisait dans le commerce. Objectera-t-on qu'il y a des différences entre le vernis de tel ou tel maître, c'est possible; mais cela ne prouverait qu'une chose, c'est que les uns savaient mieux les approprier et les employer que les autres. Ces nuances se font, du reste, sentir bien plus dans la couleur, que dans les vernis eux-mêmes qui tous étaient composés de résines tendres. Il est facile de s'en convaincre : on n'a qu'à frotter des violons de ces époques avec de l'esprit-de-vin, il n'y en a pas un qui résistera ; si on répète cette opération sur des objets vernis avec les vernis gras au copal dur qu'on fait aujourd'hui, on ne pourra pas l'entamer. Enfin, il faut aussi admettre qu'il y a des instruments qui ont été plus fatigués que d'autres, moins soignés, et que, par suite, ils sont arrivés jusqu'à nous en moins bon état et plus dépouillés qu'ils n'auraient dû l'être. Nous avons vu un Stradivarius qui était tellement bien conservé qu'on aurait pu croire qu'il sortait des mains du luthier, tant le vernis était frais et intact ; pourquoi ? c'est simplement parce qu'il avait peu servi et qu'on en avait eu soin.

Nous avons dit qu'il est impossible de faire l'analyse des résines qui avaient servi à vernir les instruments des anciens luthiers. Cependant, par un moyen bien simple, nous avons pu reconnaître, sur plusieurs instruments qui ont été mis à notre disposition, quelques-unes des résines qui étaient entrées dans la composition des vernis qui les couvraient. On sait que le mastic en larmes, le benjoin, l'élémi et l'animé, ont une odeur assez forte, qui leur est propre et qu'elles ne perdent pas. Ce moyen, le voici, chacun pourra se convaincre de la solution qu'il donne. Nous avons pris un linge légèrement mouillé, afin de ne pas fatiguer et rouler le vernis; nous en avons frotté l'instrument dans ses parties les moins conservées, assez fortement pour l'échauffer, afin de raviver l'odeur des résines, qu'il nous a été facile alors de reconnaître. Ainsi, un violon d'Antoine et Jérôme Amati, soumis à cette expérience, nous a donné l'odeur du mastic en larmes, mêlée à celle de l'huile de lin, qui a un peu celle de la colle forte après sa dessiccation. Ce vernis avait dû être étendu d'essence, mais elle est trop volatile pour que son odeur ait pu persister. Sur un Guarnérius, fils d'André, comme sur un Joseph, son cousin, nous avons retrouvé l'odeur du benjoin; sur deux autres Guarnérius Joseph, nous n'avons retrouvé que l'odeur du mastic et de l'huile, comme sur l'Amati. Quant à la couleur, elle était, sur la plupart des instruments, presque passée, sauf dans les coins des éclisses, sous la touche et le cordier. Il y a cependant beaucoup d'instruments des mêmes auteurs dont la couleur s'est très-bien conservée ; aussi cela nous confirme dans cette pensée, qu'ils n'employaient pas toujours les mêmes matières colorantes, ou qu'ils ne les faisaient pas également bien dissoudre, ce qui est une cause d'altération. Mais, malgré ces variations dans la manière de faire, ils restaient néanmoins fidèles à ce principe, de n'employer que des résines souples, qu'ils alliaient à celles qui ont du liant, et qu'ils maintenaient dans cet état par le véhicule dans lequel elles étaient dissoutes. Les résines dont ils se servaient étaient principalement le mastic, la sandaraque, le benjoin et peut-être le copal tendre, que nous pensons qu'on nommait à cette époque ambre blanc. On donnait bien aussi, et encore aujourd'hui, ce nom au karabé blanc ; mais ils ne savaient pas alors le faire fondre. Dans les expériences dont nous venons de parler, nous n'avons jamais reconnu l'odeur très-persistante de l'élémi et de l'animé. Du reste, ces résines sont trop molles pour être employées dans les essences et l'huile. Le vernis dans lequel elles entreraient resterait poisseux, aussi conviennent-elles mieux dans ceux à l'alcool.

Nous n'avons plus, pour faire passer notre conviction dans l'esprit du lecteur, qu'à l'appuyer par la démonstration, en nous aidant des principes sur la matière, et à donner la formule des vernis dont se servaient les luthiers italiens. Quant aux couleurs qu'ils mettaient dans le vernis, elles sont tellement translucides, et laissent si bien lire la veine du bois, que nous ne doutons pas que ce soient les résines ou matières résineuses colorantes qu'ils ont employées. Il nous serait impossible de dire par quel moyen ils les faisaient dissoudre dans les essences, mais le moyen est indifférent ; ce qui importe, c'est de réussir, et nous sommes parvenu à les mélanger si intimement aux huiles, qu'elles ne les abandonnent plus après qu'elles y ont été incorporées. Nous avons des flacons de vernis qui remontent à deux et trois ans, au fond desquels il ne s'est pas formé le plus léger dépôt. Bien que cette question ait moins d'importance que celle relative à la pâte même du vernis, elle en a cependant une assez grande, parce que si le vernis conserve l'instrument, la couleur, en le décorant, lui donne plus de prix.

# DEUXIÈME PARTIE

Nous diviserons cette seconde partie en trois cha-
pitres :

Dans le premier, nous nous occuperons de
l'encollage ;

Dans le second nous indiquerons le moyen de
colorer les huiles,

Et dans le troisième nous donnerons les formules
des vernis.

# CHAPITRE I.

### De l'encollage.

Est-il nécessaire d'encoller les instruments avant de les vernir? Nous n'hésitons pas à répondre affirmativement; car si on ne les encollait pas, les deux ou trois premières couches de vernis entreraient dans le bois; elles resteraient complétement ternes jusqu'à saturation du bois, qui ne pouvant plus en absorber, serait encollé par le vernis lui-même : ceci est facile à expliquer. Le bois, par ses canaux cellulaires fait l'office d'une éponge ; il absorbe la partie la plus fluide du vernis, et d'autant plus qu'il a subi antérieurement une dessiccation plus longue ; par suite l'instrument se saturera d'essence, d'une partie de résines et de matières colorantes, dont le surplus restera à la surface, à moins que le vernis soit très-corsé. Ces résines privées d'une portion de leur essence se trouvant abandonnées à elles-mêmes sécheront promptement en perdant la souplesse qu'elles devaient leur communiquer. Il résulterait évidemment de cette manière de faire, qu'il faudrait plus de couches pour obtenir le brillant nécessaire, que le vernis que nous employons dans lequel il n'entre aucunes résines dures deviendrait très-friable puisqu'elles auraient perdu, en partie, l'excipient qui doit les protéger, et que pour arriver à une solidité convenable, il faudrait donner deux ou trois couches de plus ; qu'enfin lorsque les dernières seront oxydées par le temps ou usées par les frottements, celles de dessous tomberaient promptement en poussière ; mais le plus grave inconvénient serait, d'une part, d'avoir fait absorber au bois une certaine quantité de vernis., et d'une autre, d'en avoir mis une épaisseur plus considérable qu'il n'est utile; par suite les sons de l'instrument seraient sourds, voilés, sans éclat et sans portée; si ce n'est pour toujours, ce serait au moins pour un très-long espace de temps. Les bois employés en lutherie ne sont mis en œuvre que lorqu'ils sont bien secs, dessiccation qui ne peut s'obtenir qu'après plusieurs années, d'où il suit qu'en faisant pénétrer de l'essence et des résines dans le bois, on ferait une chose toute contraire au but qu'on s'est proposé d'atteindre.

Si l'encollage est nécessaire, ainsi que d'ailleurs tous les luthiers le savent très-bien, quel est celui qui doit être préférablement employé? Nous avions d'abord pensé à une solution légère de colle de poisson, de Flandre ou de parchemin[1], cela nous a donné un encollage trop lourd; l'albumine de l'œuf[2]

---

1. Nous avons vu des instruments qui avaient été encollés avec une solution de l'une de ces colles dans laquelle on avait introduit les couleurs, puis on avait mis par-dessus un vernis si peu résistant qu'étant dépouillé presque entièrement, on pouvait enlever toute la couleur en le frottant avec un linge mouillé d'eau chaude. Autrefois on procédait ainsi pour appliquer certaines peintures sur les boiseries, puis on vernissait.

2. L'albumine de l'œuf, est la liqueur visqueuse qu'on trouve

que nous avons ensuite essayée, avait l'inconvénient grave de trop serrer les tables parce que,
quoique ce soit une peau mince et légère, elle a une
ténacité très-résistante, alors qu'on l'a coagulée par
une solution d'acide faible ; ce qui est indispensable
pour qu'elle ne reste pas toujours poisseuse. Ce défaut d'élasticité rendrait nécessairement les instruments durs et criards. Nous avons essayé ensuite la
dextrine dissoute dans l'eau ; cet encollage ne nui-
sait sous aucun rapport à la vibration, mais après
sa dessiccation, il avait un aspect pâteux qui altérait
le poli du bois, et le vernis appliqué dessus était
grumelé ; il ne présentait plus une surface lisse et
n'était ni assez transparent, ni assez nifle, suivant
l'expression des fabricants de vernis. L'amidon nous
a donné un résultat à peu près identique ; on pourrait sans doute poncer de nouveau, mais alors l'encollage serait enlevé inégalement. Ces encollages,
très-convenables pour l'ébénisterie, ont tous pour la
lutherie les défauts graves que nous venons de
signaler.

sous la masse en neige de blancs d'œufs battus, après un repos
de quinze ou dix-huit-heures.

Préoccupé de ce ton jaune qu'on rencontre sur beaucoup d'instruments des luthiers italiens, alors que le vernis est usé, nous avons pensé qu'ils les encollaient avec des gommes résineuses solubles dans l'alcool, telles que la gomme-gutte et l'aloès succotrin, qui, dit-on, a la propriété de préserver le bois de la piqûre des vers. Ces résines dissoutes dans l'alcool sont un excellent encollage qui ne peut pas nuire à la liberté des tables, ni à la dessiccation du bois, puisque l'alcool s'évapore de suite. Si on étend une solution de ces résines sur un instrument, elle ne le pénètre que très-légèrement et elles y adhèrent dans un état de division qui ne peut altérer ou paralyser les vibrations des tables, les molécules de ces résines n'ayant pas entre elles assez de cohérence et de force pour avoir une action nuisible. Nous avons fait plusieurs expériences à cet égard, par suite desquelles nous avons été convaincu que c'est ainsi que beaucoup de luthiers italiens ont encollé leurs instruments. Ceux sur lesquels on ne retrouve pas ce ton jaune ont dû être encollés avec un vernis de sandaraque à l'alcool, dans le genre de celui indiqué par le P. Bonanni. Voy. page 43 et la note.

On pourrait le formuler ainsi :

Sandaraque.................... 20 grammes.
Benjoin en larmes, ou élémi..... 6     —
Alcool ...................... 100 centim. cubes,
     soit 1/10 de litre.

Néanmoins nous préférons l'encollage par l'aloès et la gomme-gutte. Si on emploie cette dernière résine seule, on obtiendra un jaune clair, qui, sous le vernis coloré dont nous nous occuperons plus loin, communiquera à ce dernier un reflet jaune très-harmonieux en ramenant sa couleur au rouge orangé ; on a employé comme encollage une solution alcoolique de gomme laque plus ou moins concentrée ; cet encollage serait le plus dur de tous ceux qui ont été indiqués plus haut et aurait par conséquent tous les inconvénients dont nous avons parlé.

La formule que nous présentons remplit toutes les conditions nécessaires.

Prenez de la gomme-gutte en bâton, qui est plus

belle que celle en gâteau ; concassez-la, puis rédui-
sez-la en poudre fine en l'écrasant dans un mortier
ou simplement en vous servant d'une bouteille en
guise de rouleau : dans ce cas vous mettrez votre
gomme-gutte concassée sur une glace à broyer, ou
à son défaut sur une feuille de papier étendue sur
une table de bois dur et vous la réduirez facilement
en poudre en roulant la bouteille dessus. Il sera
nécessaire de remuer de temps à autre la gomme-
gutte avec un couteau de broyeur, afin d'atteindre
toutes ses parties.

*Première formule.*

Gomme-gutte............  20 grammes.
Alcool à 36 degrés........  100 centim. cubes.

*Deuxième formule.*

Gomme-gutte .............  10 grammes.
Aloès succotrin ...........  8      —
Alcool à 36 degrés ........  100 cent. cubes.

Dans un flacon mettez votre alcool et la moitié seulement des résines! laissez fondre pendant huit ou dix jours en remuant une ou deux fois chaque jour, puis filtrez dans un entonnoir de verre sur un linge qui retiendra la partie gommeuse insoluble dans l'alcool. Dans ce liquide déjà coloré remettez la seconde moitié de vos résines et opérez comme il vient d'être dit, puis au bout d'une dizaine de jours filtrez au papier dans le même entonnoir préalablement nettoyé. Nous recommandons de faire cette solution en deux fois, parce que les résines se trouveront plus en contact avec l'alcool et qu'ainsi on en dissoudra une plus grande quantité. Si cependant on était pressé on pourrait faire cette solution en une seule fois, mais la couleur sera certainement moins intense. On pourrait hâter l'opération en mettant le flacon dans une étuve, dans le four ou sur le marbre d'un poêle; mais il ne faudrait pas qu'il fût assez chaud pour faire bouillir l'alcool parce qu'il pourrait briser le vase et mettre le feu. Pour empêcher que le flacon soit trop chauffé et éviter une rupture, il sera bon de mettre quelques feuilles de papier dessous. Si ce papier se brûlait, il faudrait retirer le flacon; ce serait une indication que la chaleur est trop forte.

Nous préférons la seconde formule parce que l'encollage sera plus souple, l'aloès succotrin étant plus mou que la gomme-gutte. Le ton qu'on obtiendra sera d'un jaune plus ferme un peu verdâtre; en le regardant à un certain angle de réfraction et il affaiblira moins la chaleur du ton du vernis coloré. Ceci, du reste, n'est qu'une affaire de goût, car l'une ou l'autre de ces deux formules donnera un bon encollage. Deux couches étendues au pinceau nous paraissent suffisantes. Si on le désirait plus fort, on pourrait, sans inconvénient, en mettre une troisième; il serait sans doute facile de faire dissoudre plus d'aloès et de gomme-gutte dans l'alcool, mais alors on aurait de la peine à bien étendre ce liquide trop épais sans faire de taches. Si cependant il s'en produisait, il serait facile de les amoindrir en frottant légèrement avec un linge mouillé les parties trop chargées, et les petites différences de nuances qui pourraient rester seraient masquées par le vernis. Nous conseillons de faire dissoudre ces gommes-résines dans l'alcool, quoiqu'elles soient en partie solubles dans l'eau parce que ce liquide ne dissout que la partie gommeuse, celle résineuse, qui est préférable, reste en suspension et donne à la liqueur un aspect boueux, tandis que l'alcool ne dissout que la résine et qu'en outre il se volatilisera plus promptement.

# CHAPITRE II.

Coloration des essences.

L'essence de térébenthine, on le sait, ne se combine ou ne se mélange avec aucune espèce de couleur, qu'elle soit broyée à l'huile, mise en poudre, ou détrempée dans le vernis; il en est de même des essences de lavande, d'aspic, ou de romarin, elles se teintent un peu plus, mais si faiblement qu'elles ne laissent aucune coloration lorsqu'on les met en œuvre.

Cependant nous étions convaincu que les vernis des anciens maîtres étaient faits avec l'une des essences que nous venons d'indiquer et qu'ils avaient dû, pour les colorer, se servir d'une autre matière que les laques, qui ne se combinent pas plus au véhicule que les autres couleurs. Si on les emploie broyées à l'huile, elles paraissent d'abord se mêler à l'essence et aux résines, mais ensuite en moins d'une heure elles se précipitent au fond du récipient, d'où il suit qu'en détrempant ces couleurs dans un vernis, chaque fois qu'on voudrait s'en servir, il faudrait secouer le flacon afin de les mettre pour un moment en suspension dans le liquide. Enfin ces laques sont toujours plus ou moins limoneuses ou terreuses, elles ont peu de transparence et laissent par suite une épaisseur au moins inutile sur les tables de l'instrument. Les laques de garance qui portent le nom de Robert, donnent moins d'opacité et sont plus translucides, mais elles présentent les mêmes difficultés que celles que nous venons de signaler.

Les couches de vernis appliquées par les luthiers crémonais sur leurs instruments sont tellement translucides et forment si peu d'épaisseur que nous avons pensé qu'ils avaient dû se servir de matières colorantes, plus ou moins résineuses, qu'ils rendaient solubles ou au moins miscibles dans les essences. En effet, nous avons vu, page 20, qu'Alexis le Piémontais, dans son livre des *Secrets*, publié en 1550, avait indiqué pour colorer les vernis, le santal rouge qui contient des matières résineuses, l'aloès, gomme résineuse, le sandragon qui est une résine, puis plusieurs couleurs non-résineuses qui ne pourraient être solubles, telles que la garance trempée en eau de tartre, le safran, les bois de campêche et de Brésil, etc. Alexis ne parle pas de la gomme-gutte, qui cependant était connue de son temps. Cette indication trouvée dans un livre publié un an avant l'époque à laquelle André, le premier des Amati a commencé à travailler, a confirmé la conviction que nous avions déjà acquise par suite d'un grand nombre d'expériences que les luthiers italiens avaient dû se servir du sandragon, du santal rouge et de la gomme-gutte. Toutes ces couleurs résineuses sont très-solubles dans l'alcool. Mais il n'en est pas de même avec les essences, sauf la gomme-gutte qui y est soluble à froid, et plus encore si on expose au soleil l'essence dans laquelle on l'aura mise digérer, le sandragon s'y dissout un peu mais pas assez pour donner une couleur suffisante et solide. Quant au santal rouge réduit en poudre, il les colore à peine. Nous avions pensé d'abord qu'en faisant des extraits à sec de solution de ces couleurs à l'alcool ou à l'eau, il nous serait possible de les faire dissoudre dans les essences, soit directement, soit par l'action du broyage, soit à l'aide d'une insolation; mais tous nos efforts restèrent alors sans résultat. Cependant ces travaux ne furent pas perdus, car c'est par suite de bien des essais de ce genre que nous vint l'idée de nous servir, comme intermède seulement, de l'action solvante de l'alcool à 40 degrés de l'aréomètre de Cartier [1], qui se mêle complétement avec les essences de lavande d'aspic ou de romarin. Nous fîmes alors dis-

1. Il faut que l'alcool soit très-pur, qu'il contienne le moins d'eau possible. Ces 40 degrés de l'aréomètre de Cartier correspondent à 94 degrés de l'aréomètre centésimal de Gay-Lussac, qui est plus généralement employé aujourd'hui. A ce dégré la pesanteur spécifique de l'alcool doit être environ de 0,827 et il contient 7 centimètres cubes d'eau et 93 d'alcool.

soudre du santal dans de l'alcool, nous mêlâmes cette solution à l'une de ces trois essences qui conserva la couleur sans se troubler ; ce liquide composé d'essence et d'alcool n'aurait pas communiqué assez de souplesse aux résines et n'aurait donné qu'un vernis trop sec, il fallait donc trouver le moyen d'éliminer l'alcool afin d'obtenir l'essence pure mais chargée de la matière colorante. Cette opération n'était pas difficile à faire, nous savions que l'alcool bout à 78 degrés, tandis que les essences dont nous venons de parler n'entrent en ébullition qu'à 155 degrés environ. Nous pensâmes alors qu'en traitant notre mélange d'alcool et d'essence au bain-marie, dont l'eau en vase ouvert ne peut s'élever à une température de plus de 100 degrés, chaleur inférieure à celle nécessaire pour vaporiser l'essence, l'alcool seule s'évaporerait. Ce fut en effet ce qui arriva et notre essence ainsi débarrassée de l'alcool intervenu seulement pour prêter la force de son action solvante, resta chargée de la couleur avec laquelle elle se trouva mélangée. Nous laissâmes reposer ce liquide pendant huit jours, après lesquels il n'avait subi aucune altération, nous en fîmes alors un vernis coloré, qui, étendu sur une planche encollée comme nous l'avons indiqué et abandonné à l'action du soleil pendant un mois ne perdit rien de sa coloration. Nous répétâmes cette expérience avec une solution alcoolique de sandragon, et le résultat fut aussi satisfaisant.

Mais pour que l'opération que nous venons d'indiquer réussisse, il faut que l'essence employée soit très-pure, parce qu'autrement elle ne se chargerait pas d'autant de couleur. Nous trouvons dans le traité de M. Tripier-Deveaux les moyens de reconnaître les falsifications qu'on fait malheureusement trop souvent aux essences en les allongeant avec des produits moins chers. Nous les transcrivons :

« Si elle est mélangée avec de l'essence de térébenthine, mettez-en une goutte dans le creux de la main, frottez-la fortement avec l'autre, de manière à bien les échauffer rapidement ; sentez alors vos mains, et pour peu que vous ayez l'odorat exercé, vous découvrirez facilement la senteur de la térébenthine, surtout si on en a mis une grande quantité ; ou bien, mettez trois grammes d'huile essayer dans un tube gradué, ajoutez-y quantité égale d'huile d'œillette, agitez le mélange qui restera transparent et n'offrira aucun changement s'il y a de l'essence de térébenthine. Si au contraire l'huile est pure, le mélange devient blanc laiteux, et ne se clarifie qu'après plusieurs jours de repos. M. Méro, l'auteur de ce procédé, dit qu'on peut ainsi découvrir les plus petites quantités d'essence de térébenthine que le commerce puisse trouver avantageux d'additionner à l'essence de lavande ou d'aspic. Mais il faut, ajoute-t-il, que le mélange des deux huiles soit bien intime, et pour cela qu'il ait été opéré, soit que l'essence ait été ajoutée lorsqu'on distille les plantes, soit que, mêlée aux huiles volatiles après leur distillation, on ait tenu ce mélange sur le feu ou au bain-marie, jusqu'à ce que, de trouble qu'il était d'abord, il y soit devenu transparent et limpide.

« Ce procédé est fondé sur la propriété que possède l'essence de térébenthine de dissoudre les corps gras beaucoup plus facilement que ne saurait le faire l'essence pure des labiées (menthe, marjolaine, absinthe, sauge, etc. (Extrait du *Moniteur industriel* du 11 mai 1845).

« Si elle est mélangée avec une huile fixe, une

6

goutte que vous mettrez sur du papier et que vous exposerez à une douce chaleur, au lieu de s'évaporer entièrement et sans laisser de traces, y délaissera une tache translucide de la grandeur de la goutte.

« Si elle est mélangée avec de l'alcool, agitez l'huile avec de l'eau dans un vase gradué : la liqueur devient laiteuse, l'eau s'empare de l'alcool et l'huile occupe dans le vase une moindre place ; c'est de l'alcool qui y avait été mélangé.

« Si elle est mélangée avec de l'eau, mettez-en dans une fiole en verre blanc à moitié pleine, agitez fortement, et vous verrez l'eau se diviser dans l'huile et la remplir de globules ronds qui, sans cesser d'être transparents, ne laissent pas de rendre l'huile comme nacrée au lieu d'être parfaitement limpide et translucide.

« Si l'huile est mélangée avec de la résine, distillez-la à un feu ménagé jusqu'à siccité, le résidu sera la résine ajoutée. Ce même moyen vous ferait découvrir l'huile fixe dont elle aurait été additionnée. »

Ces procédés pour reconnaître la falsification des huiles essentielles, s'appliquent aussi bien à celle de lavande, qu'à celles de romarin et d'aspic.

Mais ces essences ont une odeur très-forte qu'elles conservent longtemps ; quoique nous soyons bien convaincu que les anciens luthiers se soient servis de ces excipients pour faire leurs vernis, si ce n'est toujours, au moins assez souvent, nous voulions, pour éviter l'inconvénient de cette persistance de l'odeur, obtenir les mêmes résultats avec l'essence de térébenthine, qui est même préférable, parce qu'étant plus résineuse et plus siccative elle donne plus de solidité aux vernis et les rend moins mous après la dessiccation. Mais nous fûmes arrêté de suite parce que l'essence de térébenthine récemment rectifiée et l'alcool même à 40 degrés ne se mêlent pas ensemble, il se forme un trouble qui donne au mélange des deux liquides une teinte opaline, puis l'alcool ne tarde pas à se séparer de l'essence, et chacun de ces deux liquides redevient clair. Nous essayâmes cependant de faire passer la couleur dans l'essence de térébenthine par le procédé que nous avons indiqué, mais nécessairement le même trouble s'est reproduit avec séparation des deux liquides ; cependant après avoir éliminé l'alcool, l'essence conserva une certaine quantité de couleur, mais trop faible pour résister à une insolation, prolongée seulement pendant deux jours. Tous les traités de vernis donnent des formules de vernis mutatifs à l'essence pour teindre les paillons ou pièces de laiton en rouge, avec le santal ou le san-dragon. Nous avons essayé ces vernis, mais leur couleur est encore moins forte que celle que nous avons obtenue en colorant l'essence de térébenthine par l'intermède de l'alcool.

Cependant cette expérience nous avait au moins démontré que l'essence de térébenthine ainsi traitée retenait une certaine quantité de couleur. Nous pensâmes alors qu'elle s'y mêlerait aussi bien que dans les essences de lavande ou de romarin, si elle pouvait devenir soluble dans l'acool. Nous savions que l'essence grasse de térébenthine [1] s'y dissout ; nous avons alors pensé qu'en mettant l'essence de térébenthine dans des conditions analogues, c'est-à-dire en l'oxydant par l'absorption quelle ferait de l'oxy-

---

1. Pour obtenir l'essence grasse, on met de l'essence de térébenthine dans une terrine peu profonde et on l'expose à l'air, jusqu'à ce qu'elle ait perdu les neuf dixièmes de son poids. On compte en fabrique qu'un kilo d'essence donne cent grammes d'essence grasse.

gène de l'air, elle pourrait devenir soluble dans l'alcool sans le troubler et retenir la couleur qu'on introduirait dedans par l'intermède de l'alcool. A cet effet nous avons donc rempli une bouteille aux deux tiers seulement d'essence de térébenthine, afin de laisser plus de surface à la circulation de l'air, puis sans la boucher; ceci est important puisque l'essence ne pourrait pas absorber l'oxygène de l'air si elle était bouchée, nous l'avons exposée derrière une fenêtre à l'action du soleil qui hâte l'opération. Après deux mois environ elle était devenue parfaitement miscible à l'alcool; pour la mettre dans cet état il suffit de remuer la bouteille tous les deux ou trois jours, afin de présenter de nouvelles surfaces à l'action de l'air; au bout d'un mois on l'essayera en versant une petite quantité d'essence dans une fiole, puis on ajoutera de l'alcool à 40 degrés. Si les deux liquides se troublent et se séparent, on continuera l'opération en remettant la bouteille à sa place toujours sans bouchon; on essayera ainsi de huit en huit jours, jusqu'à ce que l'essence et l'alcool se mêlent parfaitement; pour obtenir ce résultat il faut environ six semaines ou deux mois. Lorsque nous parlerons de cette essence, nous l'appellerons, afin d'éviter des longueurs, essence oxygénée. Nous y avons mêlé du santal, par intermède d'alcool, comme nous l'avions fait avec l'essence de lavande. Nous en avons fait un vernis et l'ayant étendu sur une planche abandonnée à une insolation prolongée pendant plus d'un mois, la couleur avait conservé tout son éclat ; conséquemment le but était atteint.

Ceci est un peu contraire aux prescriptions faites dans les traités de vernis, parce qu'on recommande de n'employer que des essences nouvellement rectifiées et claires comme de l'eau, afin d'obtenir des vernis très-siccatifs et très-blancs ; la première de ces deux raisons n'a pas ici une grande importance, car si le vernis est un peu plus long à sécher il n'en sera que plus souple, et la seconde est sans valeur pour des vernis colorés.

Il nous serait impossible d'affirmer que c'est ainsi que les anciens luthiers procédaient pour colorer leurs essences, mais nous sommes convaincu qu'ils se servaient, si ce n'est toujours, au moins généralement, des résines de sandragon santal et gomme-gutte ; il ne peut y avoir de doute que

sur le moyen employé pour les faire dissoudre,
mais peu nous importe si nous arrivons au même
résultat; puis pourquoi n'auraient-ils pas employé
ce moyen qui est très-simple, et enfin il y en a certainement d'autres analogues qu'il nous a paru inutile de chercher, puisque celui que nous indiquons
réussit parfaitement; il faut ajouter que les essences
de térébenthine qu'on fabrique maintenant et celles
qu'on employait il y a deux cents ans ne sont pas
dans les mêmes conditions. Aujourd'hui on les distille si bien qu'elles sont aussi incolores que l'eau la
plus limpide, et dans cet état, nous l'avons dit, elles
sont moins aptes à prendre la couleur. Celles qu'on
fabriquait autrefois étaient moins bien préparées;
puis comment les conservait-on. Peut-être les laissait-
on débouchées, ce qui leur permettait avec le temps
de s'oxygéner seules sans qu'on ait besoin de
faire l'opération dont nous avons parlé. Ceci est tellement possible que cela arrive encore aujourd'hui : il
y a très-peu de temps nous avions acheté de l'essence
de térébenthine, et nous fûmes surpris de la trouver oxygenée et conséquemment miscible avec
l'alcool.

Nous savons que les luthiers ont une très-grande prévention contre la solidité du sandragon. C'est une erreur complète et cependant ils n'ont pas tout à fait tort, en ce sens que lorsque le sandragon est d'un prix relativement élevé, certains commerçants, peu honnêtes d'ailleurs, le falsifient et y mêlent quelquefois de la brique pilée avec de la résine ou d'autres matières rouges moins chères que le sandragon. Pour éviter ces différentes fraudes il ne faut jamais acheter du sandragon en poudre, qui peut être plus facilement falsifié. Nous en avons trouvé de très-pur chez les marchands de couleur en gros et chez les droguistes de la rue des Lombards. On devra le choisir de première qualité en grosses masses. Sa cassure doit être rouge brun foncé. Nous avons fait un vernis avec ce sandragon et après un mois d'insolation il n'avait pas changé. Il est par suite préférable de n'en acheter qu'un échantillon, de l'essayer et de n'en faire provision que s'il résiste à l'action du soleil.

Par suite de ce que nous venons de dire, il y a deux opérations à faire pour colorer les essences en rouge. Nous les diviserons en deux paragraphes et dans un troisième nous nous occuperons des modifications qu'on peut faire subir au ton rouge.

§ 1. — *Dissolution des matières colorantes dans l'alcool.*

Pour colorer en rouge nous employons le santal, dont le ton est rouge orangé, le caliatour[1], qui donne un rouge plus foncé, et le sandragon[2].

1. Le santal et le caliatour, dit M. Guibourt dans son histoire des drogues simples, sont deux bois qui viennent, le premier de Calcutta, et l'autre de la côte du Coromandel. Il donne au premier le nom de pterocarpus indicus, et au second celui de pterocarpus santalinus, ce qui ferait supposer qu'ils sont de la même famille ; puis il ajoute que le santal contient plus de matières résineuses que l'autre. Les ébénistes et les tourneurs estiment plus le caliatour dont le bois est plus plein ; il a une couleur plus brune. Chez les broyeurs de bois de teinture, on le trouve moins facilement réduit en poudre que le santal auquel dans le commerce on a aussi donné le nom de bois de corail. Mais on peut se procurer le caliatour chez les marchands de bois des îles et le faire broyer.

2. M. Guibourt, dans le même ouvrage, dit qu'il y a plusieurs espèces de sandragon produit par des arbres différents, que Rumphius a nommés palmiers-joncs. Ce sont en effet les tiges de ces arbres qui sont envoyées en Europe et servent à différents usages. Le calamus viminalis produit les joncs qu'on emploie à dégorger les conduits d'eau, à battre les meubles et à faire divers ouvrages,

Pour saturer un litre d'alcool à 40 degrés par le santal, il faut prendre 200 grammes de ce bois râpé en poudre fine. On n'en prendra d'abord que 100 grammes qu'on mettra en digestion avec l'alcool dans une bouteille d'un large diamètre, qui ne devra être remplie qu'aux deux tiers, afin de laisser circuler librement les vapeurs alcooliques, de pou-

Le calamus scipiorum fournit les belles cannes, nommées joncs ; celles qui proviennent du calamus verus sont lourdes, jaunâtres, et munies de plusieurs nœuds espacés de 30 centimètres. Le calamus draco en fournit de jaunes pâles. Le sandragon le plus usité provient de ce dernier arbre. On en trouve dans le commerce en baguettes, en globule ou en olive, en galette et en masse : c'est cette dernière espèce qui offre le plus d'avantages comme matière colorante. Il y a deux autres arbres qui produisent la résine du sandragon, mais on n'en trouve plus dans le commerce, ce sont le dracœna draco et le pterocarpus draco qui paraît être de la famille du santal , ce dernier arbre donne un sandragon en larmes, sa cassure est brune, vitreuse, sa couleur paraîtrait avoir des propriétés analogues à celles du santal ; car M. Guibourt dit : il se distingue des autres sandragons, parce que sa teinture alcoolique, de même que celle du santal, n'est pas précipitée par l'ammoniaque, tandis que le soluté alcoolique du sandragon des molusques est précipité par ce réactif. Il n'y a pas très-longtemps que ces sandragons produits par le dracœna draco et le pterocarpus n'arrivent plus en Europe ; car ce sont les mêmes que Tingry, en 1803, dans son traité des vernis, indiquent comme étant de première qualité, surtout celui produit par le dracœna qui a une forme globuleuse ou d'olive. Par suite les anciens luthiers ont pu l'avoir à leur disposition et peut-être donne-t-il un autre ton que celui qu'on trouve aujourd'hui dans le commerce.

voir en la secouant mêler la poudre au liquide et présenter de nouvelles surfaces à l'action de l'alcool. On laissera infuser pendant huit ou dix jours, on filtrera dans une autre bouteille à travers un linge supporté par un entonnoir de verre et on tordra fortement le linge pour exprimer l'alcool que le bois aura absorbé[1]; remettez alors les 100 autres grammes de santal, opérez comme dessus et après les dix jours filtrez et conservez pour l'usage. Si on veut obtenir un ton plus rouge que celui que donne le santal, au lieu de remettre la seconde fois 100 grammes de santal on les remplacera par 100 grammes de caliatour également en poudre. Si on employait le caliatour seul la couleur serait d'un rouge trop noir. Nous préférons donc mettre moitié par moitié, ce qui donne un ton chaud sans être trop foncé.

Dans cette opération on perdra environ un quart d'alcool qui sera resté dans le bois, en sorte qu'au lieu d'un litre on n'en recueillera que 700 à 750 centimètres cubes d'alcool coloré.

Pour saturer un litre d'alcool avec le sandragon

---

1. Il faudra filtrer promptement, et couvrir l'entonnoir pour éviter l'évaporation de l'alcool.

qu'on réduira en poudre comme nous l'avons dit pour la gomme-gutte, 160 grammes suffiront. On procédera en deux fois, ainsi que cela a été expliqué pour le santal, en faisant dissoudre 80 grammes chaque fois, puis on filtrera dans un linge et on conservera pour l'usage. Le sandragon dépose des matières insolubles qui ne contiennent presque plus de couleur. En faisant cette solution on perdra beaucoup moins d'alcool qu'avec les bois de santal et de caliatour, parce que le sandragon, qui est une résine, est presque complétement dissous et que le résidu en retient peu. Dans l'autre cas l'alcool sépare du bois les matières colorantes résineuses en s'en emparant, et le bois ainsi dépouillé reste gonflé en faisant l'office de l'éponge. Pour faire cette opération on obtiendra plus de couleur en mettant la bouteille dans une étuve, comme nous l'avons dit plus haut. Il suffirait, en été, de l'exposer au soleil.

Nous recommandons de faire cette solution en deux fois, parce que l'alcool se trouvera plus en contact avec les matières colorantes et qu'ainsi il en pourra dissoudre davantage. Cela est facile à comprendre, le bois ou le sandragon tombent en très-peu de temps au fond du flacon. Si votre bouteille a vingt centimètres de diamètre, ce ne sera que cette surface qui se trouvera en contact avec l'alcool; les matières qui sont dessous sont sans doute mouillées, mais le liquide a bien moins d'action sur elles que sur celles qui sont en dessus, et ce n'est que lorsqu'on secouera, qu'elles se trouveront plus attaquées. En opérant comme nous l'indiquons, on aura doublé les surfaces mises en contact avec l'alcool.

Ces solutions peuvent se conserver quelque temps avant de s'en servir, sans s'altérer, pourvu qu'elles soient bien bouchées, parce que l'alcool absorberait de l'eau dont il est très-avide, perdrait sa force et ne serait plus miscible aux essences. Nous l'avons déjà dit, l'alcool au-dessous de 40 degrés ne se mélange pas avec l'essence.

### § 2. — *Coloration des essences.*

L'essence que nous préférons est celle de térébenthine oxygénée, parce qu'elle est plus siccative et

7

cependant suffisamment grasse pour donner de la souplesse aux résines. A son défaut, on pourra se servir de celle de romarin, pourvu qu'elle soit très-pure. On obtient avec elle un très-bon vernis. Celle de lavande est à peu près dans les mêmes conditions, si ce n'est qu'elle est un peu moins siccative, qu'elle fait le vernis trop mou, que son odeur est trop forte et surtout trop persistante. Quant à celle d'aspic, elle est souvent falsifiée par une addition d'essence de térébenthine ; dans cet état elle prendrait mal la couleur, et on serait par suite exposé à avoir des insuccès. Le choix sera donc à faire entre l'essence de térébenthine ou celle de romarin.

Avant de dire comment on doit faire passer la couleur dans l'essence, nous allons indiquer quels sont les ustensiles nécessaires à cette opération. Ils sont peu nombreux, une bouteille de verre blanc et un bain-marie suffisent. Mais il faut bien se fixer sur ce qu'on appelle un bain-marie ; car nous avons vu plusieurs personnes mettre simplement de l'eau dans un matras ou une casserole, puis placer un deuxième matras ou récipient quelconque, contenant le liquide qu'on voulait chauffer, dans la casserole même, d'où il suit qu'on n'avait plus un bain-marie d'un calorique de 100 degrés environ; puisque le plus petit récipient touchant au fond du premier placé sur le feu prenait presque autant de chaleur que lui, et pouvait alors s'élever à 150 ou 200 degrés et même plus, suivant l'intensité du feu. Ceci est très-important : car ayant à faire évaporer de l'alcool qui bout à 78 degrés, lequel est contenu dans un liquide qui ne bout qu'à 156 degrés, si on donnait au deuxième matras une chaleur de 200 degrés, il est certain qu'on ferait vaporiser les deux liquides ensemble, et qu'il serait impossible de se rendre compte de ce qu'on aurait fait. Dans un bain-marie, le récipient qui contient la matière qu'on veut chauffer doit être suspendu dans l'eau bouillante et ne pas toucher le fond afin qu'il ne reçoive que le calorique donné par l'eau, dont la température, lorsqu'elle sera en ébullition, ne pourra pas s'élever à plus de 100 degrés. Si l'on n'avait pas un bain-marie convenable, il faudrait interposer un coussin en paille entre le fond de la casserole et le matras ou la bouteille contenant le liquide à faire bouillir, parce que la paille qui n'est pas conductrice de la chaleur empêchera le liquide contenu dans la bouteille de s'élever à une trop haute température; quoi qu'il en soit le bain-marie complet est préférable.

Nous avons organisé notre appareil d'une manière simple et très-commode. Il se compose d'une casserole en fer battu plus haute que large, dans laquelle nous mettons un petit panier en fil de laiton, parce que celui de fer se rouillerait et serait promptement détruit dans l'eau. Ce panier est suspendu à 2 centimètres environ du fond de la casserole au moyen de fils de laiton recourbés, qui font partie de ce panier et qui s'accrochent sur les bords de la casserole. Nous avons pris pour récipient une bouteille à conserve de fruits de la capacité d'un litre. Si l'on voulait opérer sur de petites quantités, on pourrait prendre une bouteille d'un demi-litre. Cette forme est très-convenable pour l'opération dont nous allons parler; parce que ces bouteilles n'ayant pas d'angle, les vapeurs d'eau ne rencontrent aucun obstacle qui les empêche de s'échapper, elles ne peuvent retomber dans le liquide, qu'elles troubleraient, ce qui rendrait le vernis louche. Le goulot allongé fait, dans ce cas, l'office d'une cheminée, et les vapeurs d'alcool et d'eau, en suivant ses parois, sortent très-librement. Nous avons fait graver sur cette bouteille les divisions du litre espacées de 20 centimètres en 20 centimètres cubes, afin de pouvoir plus facilement suivre l'opération dont nous allons parler. Il faut choisir la bouteille la plus large possible, ayant au moins 10 centimètres de diamètre, parce que les vapeurs circuleront mieux que dans une plus étroite et plus haute, dans laquelle le liquide n'aurait pas assez de place pour se contracter ; il monterait alors en mousse, sortirait par-dessus les bords et pourrait mettre le feu. Aussi, quand on opère, il est prudent d'avoir à côté de soi un seau d'eau dans lequel on fera tremper un grand morceau de toile, qu'on jetterait de suite sur le feu pour l'étouffer. Mais avec une bouteille d'un large diamètre on n'a pas à redouter ce danger, si toutefois le liquide qu'on mettra dedans ne dépasse pas beaucoup la moitié de sa capacité. Dans une bouteille d'un litre et d'un diamètre de 10 centimètres, il ne faudrait mettre que 600 centimètres cubes au plus.

Cette organisation ainsi faite, voici comment on opérera :

On versera dans la bouteille graduée d'un litre, 400 centimètres cubes de l'une des solutions alcooliques colorées que nous avons indiquées, ou 500 si l'on veut une coloration plus forte. On mettra la bouteille dans le bain-marie, on chauffera pour faire un extrait concentré, jusqu'à ce que le liquide soit réduit à moitié, ce qu'on appréciera facilement en lisant les divisions gravées sur la bouteille; si l'on réduisait davantage, le mélange se ferait moins bien. On retirera du bain-marie et on laissera refroidir. Nous faisons cet extrait, afin de ne pas noyer les essences dans une quantité trop considérable d'alcool, et de laisser ces deux liquides en contact le moins longtemps possible.

Lorsque cet extrait alcoolique sera refroidi, on mettra dans la même bouteille 250 centimètres cubes d'essence de térébenthine oxygénée ou de romarin; on agitera un peu pour mêler les deux liquides. La bouteille étant remise dans le bain-marie, on chauffera pour vaporiser l'alcool mêlé à l'essence. L'opération sera terminée lorsqu'on ne verra plus de bouillons se former à la surface du liquide, qui qui devra être descendu à 330 centimètres environ; cet excès de liquide de 30 centimètres environ tient à ce que les matières colorantes ont augmenté son volume, et à ce qu'il est un peu gonflé. En refroidissant il devra descendre à 320 centimètres environ. Au lieu d'attendre que l'extrait alcoolique soit refroidi, il serait préférable de chauffer l'essence à une température à peu près égale, de mêler les deux liquides et de continuer de suite l'opération. Afin de faciliter l'évaporation de l'alcool, il faut remuer quelquefois avec une baguette de bois blanc bien sec, et ne pas se servir d'une tringle de métal, car le liquide, qui serait saisi par un refroidissement subit, se contracterait et sortirait du récipient.

L'alcool, complétement évaporé, alors qu'on n'aperçoit plus de bouillons, laisse cependant dans le liquide un peu d'eau. Voyez ce que nous avons dit à cet égard dans la note, page 94. Il faut continuer à chauffer quelques moments afin de l'éliminer, parce qu'elle donnerait une apparence louche au liquide et qu'elle ferait tourner l'essence au gras, ce qui rendrait le vernis mou et peu siccatif. C'est dans ce but que nous avons conseillé de faire descendre la solution à 330 centimètres environ. Si, cependant, elle paraissait encore un peu trouble, il faudrait replacer la bouteille dans le bain-marie. Enfin, si l'on continuait trop longtemps à chauffer après que le liquide aura cessé de bouillir, ce ne serait plus que l'essence qui s'évaporerait, très-lentement il est vrai, et la matière colorante se précipiterait à mesure que le liquide diminuerait. L'essence ne pouvant en retenir plus que la quantité que nous avons formulée, ce serait donc une double perte. Afin de ne pas carboniser la couleur, surtout celle du santal, il faut que le bain-marie soit constamment maintenu au-dessous de 100 degrés ; il suffit que l'alcool soit seul en ébullition. Il faudra donc modérer l'action du feu à partir du moment où on le verra bouillir.

Dans le cas où l'on aurait besoin d'un litre de vernis ou plus, on colorera d'autre essence comme nous venons de le dire, jusqu'à ce qu'on ait recueilli la quantité dont on aurait besoin, puis on fera dissoudre les résines à froid dans l'essence qu'on aura colorée pour en faire un vernis, ainsi que nous l'expliquerons au chapitre suivant. Nous avons indiqué une dose d'alcool coloré plus considérable que celle d'essence, parce qu'il faut colorer non-seulement l'essence, mais encore les résines qu'on y dissoudra et l'huile que nous ajouterons.

Si l'on avait à faire une quantité considérable de vernis chaque année, il faudrait recueillir l'alcool vaporisé au moyen d'un alambic, afin de ne pas le perdre et de diminuer le coût de revient du vernis. L'appareil de liébig serait très-commode pour cette opération, car on pourrait l'adapter facilement sur la bouteille à fruit qui nous sert de récipient. Si l'on avait besoin d'en faire une grande quantité à la fois, il faudrait alors prendre une cornue en verre (de la capacité nécessaire), qui permettra de suivre l'opération et de l'arrêter, ainsi que nous l'avons dit, quelques moments après que l'ébullition aura cessé. Cette cornue devra plonger dans un bain-marie, et l'alcool, dans les deux cas, sera recueilli dans un ballon, qui plongera dans une grande terrine, ou un seau plein d'eau froide constamment renouvelée. Mais dans le cas où l'on n'aurait à faire qu'un litre de vernis par année, avec lequel on peut vernir plus de 20 violons, il serait peut-être plus coûteux de faire la dépense de ces appareils que de perdre l'alcool[1].

Les huiles fixes se modifient en hiver; elles se figent, et ne reprennent leur état primitif que pendant l'été. Les huiles essentielles paraissent aussi subir une modification en hiver ; car pendant cette saison elles se mélangent beaucoup moins avec les couleurs, qu'elles abandonnent pendant et après l'opération. Elles se chargent plus des matières co-

---

1. Les bouteilles à fruit qui servent à mélanger les matières colorantes dans les essences, retiennent une certaine quantité de couleur qui s'attache à leurs parois. Il faut qu'elles soient nettoyées chaque fois qu'on s'en sert; il suffira de mettre de l'alcool ordinaire dans la bouteille, et de lui laisser dissoudre la couleur. Si ensuite elle conservait encore un peu de coloration, ou de couleur carbonisée, on l'enlèverait facilement avec de l'eau et du plomb à rincer, on laissera égoutter, et on passera un peu d'alcool, afin d'enlever les dernières traces d'eau qu'elle pourrait contenir. Il est très-important que la bouteille ne soit pas humide lorsqu'on s'en servira. Après avoir perdu beaucoup d'alcool pour nettoyer les bouteilles, nous avons pris le parti d'en destiner un litre à cet usage, et de le recueillir après chaque nettoyage. Il nous a ainsi servi plus de quarante fois, après lesquelles il était parfaitement coloré et pouvait être utilisé pour faire des vernis communs à l'alcool. On pourrait aussi le distiller, et la couleur resterait dans la cucurbite.

lorantes jaunes orangées du santal que de celles rouges, qu'elles rejettent. Dans cet état, le liquide, vu directement et non en transparence, prend un aspect verdâtre. On l'aperçoit surtout en s'interposant entre le jour et le flacon contenant le liquide coloré. Nous avons été préoccupé assez longtemps de cet effet, que nous attribuions à la perte de la partie colorante rouge du santal restée au fond du flacon par suite d'une opération mal faite : car en ajoutant à cette essence un peu d'alcool coloré par le santal, cet effet disparaissait ; et en regardant le flacon comme nous venons de l'indiquer, on voyait que le liquide avait repris une teinte franche de rouge brun. Mais en faisant de nouveau évaporer l'alcool ainsi ajouté, une partie de la matière colorante rouge se précipitait encore, et ce reflet verdâtre revenait de suite. Toutes les opérations que nous avons faites en été ne nous ont jamais donné ce mauvais résultat ; la couleur a toujours été bien dissoute, et le liquide, vu comme nous venons de le dire, a toujours présenté ce reflet rouge brun qui est un indice de la réussite de l'opération. Nous en concluons que cet effet provient de ce que l'essence n'a pas dissous une assez grande quantité de résines colorantes, et nous ne pouvons en expliquer la cause qu'en l'attribuant à une modification que les essences de lavande, de romarin et de térébenthine éprouvent en hiver, ou à l'eau qu'elles absorbent lorsque le temps est humide. Que cette explication soit juste, ou qu'il y en ait d'autres, nous engageons à ne faire cette opération que pendant l'été, et par un temps sec, pour la réussir complétement. On pourra oxygéner l'essence de térébenthine pendant les premiers mois du printemps, et colorer les essences du premier, juillet au premier octobre, et un peu plus tard encore, si l'été se prolonge.

Nous sommes entré dans de bien grands détails pour une opération si courte et si simple en elle-même. Mais comme nous écrivons pour des personnes qui n'ont pas le temps de chercher, et que leurs occupations rendent étrangères aux manipulations, nous avons voulu les mettre en état de faire elles-mêmes le vernis dont elles ont besoin, ce qui est toujours préférable, en leur indiquant des appareils simples, peu coûteux, et des moyens faciles. C'est pour cela qu'il nous a paru qu'il était nécessaire d'entrer dans ces développements, et de signaler les difficultés que nous avons rencontrées, afin qu'elles puissent éviter les insuccès, ou y remédier si elles en rencontraient, puisqu'elles en connaîtront les causes.

Les moyens que nous donnons ne sont certainement pas ceux qu'on devrait employer en fabrique. Mais il suffira que MM. les fabricants sachent qu'une essence de térébenthine oxygénée se mêle aux couleurs ci-dessus indiquées par l'intermède de l'alcool. Ils sont assez habiles pour trouver des moyens de fabrication plus économiques, soit en se servant de l'alambic, soit en cuisant le sandragon dans l'huile et l'essence à un feu modéré, et peut-être même le santal, en en faisant un extrait alcoolique à sec.

### § 3. — *Modifications du ton rouge.*

Les modifications qu'on peut apporter dans le ton de la coloration des instruments de musique ne peuvent pas être très-nombreuses. Les luthiers italiens avaient adopté différentes nuances rouges dont la gamme commençait à l'orangé et finissait au rouge brun acajou. C'est donc entre ces deux extrêmes que nous nous limiterons. Il est bien entendu que les tons dont nous venons de parler ne peuvent s'appliquer qu'à la couleur que les instruments neufs devaient avoir, et non à celle que le temps a pu modifier, par suite de la plus ou moins grande solidité du rouge employé, qui, en vieillissant, a passé au jaune pour les uns et au rouge brun sale pour les autres.

Les couleurs que nous avons indiquées dans le dernier paragraphe donnent, employées seules, des tons déjà variés.

Le santal est rouge orangé.

Le santal et le caliatour mêlés ensemble, moitié par moitié, sont d'un rouge plus foncé.

Et le sandragon de première qualité, bien dissous, donnera un rouge jaune qui rentrera dans la nuance du ton acajou.

Avec un sandragon de moins bonne qualité et qui, conséquemment, pâlissait un peu, nous avons rendu sa couleur stable en mêlant moitié par moitié la solution qui en avait été colorée, avec une autre au santal.

Le ton de ces couleurs peut être encore modifié, soit par la gomme-gutte, soit en ajoutant à cette dernière du bitume de Judée. Mais ces deux matières étant solubles dans les essences, surtout celle de térébenthine oxygénée, on ne peut pas en mêler une grande quantité aux couleurs rouges, parce que les essences les abandonneraient et les précipiteraient pour s'unir à la gomme-gutte et au bitume de Judée, pour lesquels elles ont plus d'affinité.

Pour modifier le ton du santal et du caliatour avec la gomme gutte, voici comment nous conseillons de procéder. On fera dissoudre la gomme-gutte directement dans la solution alcoolique de ces couleurs, dans la proportion de 8 grammes pour 100 centimètres de la liqueur alcoolique ; puis on filtrera et colorera ensuite l'essence, qui se mélangera bien avec cette solution ainsi modifiée, parce que l'alcool qui dissout également bien toutes ces couleurs, leur a permis de s'unir entre elles ; puis enfin on éliminera l'alcool au bain-marie.

Quant au sandragon, il est en partie soluble dans les essences ; par suite on n'aura pas autant à redouter ce précipité dont nous venons de parler, et on pourra en modifier le ton directement. On fera dissoudre cinq à six grammes de gomme-gutte en poudre dans 100 centimètres cubes d'essence de térébenthine oxygénée, préalablement colorée par le sandragon avec intermède d'alcool, puis on filtrera, parce que la résine de la gomme-gutte aura seule été dissoute, et que la gomme non soluble sera restée au fond du récipient. Le romarin dissout moins bien la gomme-gutte; il serait préférable, avec cette essence, d'opérer comme nous venons de l'indiquer pour le santal.

On peut donner une teinte plus brune aux couleurs rouges déjà mêlées à l'essence, en y ajoutant une certaine quantité de celle de térébenthine oxygénée colorée par la gomme-gutte et le bitume de Judée dans la proportion de :

Essence de térébenthine[1]... 100 cent. cubes,
Gomme-gutte en poudre.... 10 grammes,

qu'on fera dissoudre en deux fois ainsi que nous

---

1. Nous indiquons cette essence, et non celle de romarin, nous avons dit pourquoi. Dans le cas où l'on aurait fait choix de cette

l'avons expliqué. Après avoir filtré, on ajoutera un gramme et demi ou, au plus, 2 grammes, réduits en poudre, de bitume de Judée, on le laissera dissoudre pendant huit ou dix jours ; lorsqu'il sera fondu on filtrera au papier, afin de débarrasser le liquide des petites parties de bitume de Judée qui restent souvent en suspension.

Avec cette solution, qui donnera un ton brun, on pourra modifier les couleurs rouges dont nous avons parlé, et leur donner une teinte rouge brun. Nous ne pouvons indiquer une proportion du mélange à faire, parce que cela dependra du degré de modification de ton qu'on voudra obtenir. Nous nous bornerons seulement à fixer un maximum qu'on ne pourrait dépasser sans altérer la solidité des couleurs rouges, par les motifs que nous avons déjà expliqués. Cette limite est une partie de la solution de

dernière essence pour faire son vernis, on pourra très-bien y ajouter cette solution à l'essence de térébenthine pour modifier le ton ; mais si l'on n'en avait pas à sa disposition, il faudrait alors colorer celle de romarin avec la gomme-gutte ; puis comme la couleur ne serait pas assez forte, on ajouterait une solution alcoolique de gomme-gutte à volume égal, on éliminerait l'alcool, et on ferait dissoudre le bitume de Judée, qui est très-soluble dans cette essence.

gomme-gutte et bitume de Judée contre quatre parties d'essence colorée par le santal, le caliatour ou le sandragon. Si l'on faisait ce mélange dans la proportion d'une partie de jaune contre deux de rouge, ou d'une partie contre trois, le jaune brun dominerait trop, et le rouge disparaîtrait sensiblement et modifierait peu l'autre couleur. Mais en se servant des proportions d'un sixième de jaune jusqu'à un dixième, on obtiendra des tons solides. Dans le cas où l'on aurait trop affaibli sa couleur par un excès de jaune brun, il serait facile d'y remédier en ajoutant de l'essence colorée en rouge.

Nous répétons qu'on augmentera l'action solvante des essences en mettant les bouteilles dans lesquelles on fera ces solutions soit dans une étuve, sur un poêle ou au soleil, et nous recommandons de ne faire dissoudre les résines nécessaires pour faire le vernis que lorsqu'on aura coloré son essence au ton qu'on désirerait obtenir.

*Essais sur les matières colorantes.*

Avant de nous arrêter aux formules que nous venons de donner pour colorer les essences, nous avons fait de nombreux essais sur les matières colorantes que nous avons indiquées et sur beaucoup d'autres. Ces tentatives n'ont point donné de résultats suffisants à divers points de vue ; néanmoins il nous a paru qu'il n'était pas indifférent de faire connaître quelques-unes de ces expériences, alors même que cela n'aurait d'autre utilité que d'éviter aux personnes qui chercheraient après nous, de retomber dans les essais infructueux que nous avons faits. Quant à celles qui n'ont pas assez de temps pour se livrer à des recherches, nous les engageons à s'en tenir aux formules que nous avons données plus haut.

Le bois de santal s'oxyde beaucoup à l'air, en prenant une teinte plus foncée. Cette oxydation se produit aussi bien sur le bois brut que lorsqu'il est travaillé et verni, car il prend dans ces deux cas une teinte rouge noire. Ceci explique pourquoi sa matière colorante est solide, car lorsqu'on la fait dissoudre dans l'alcool, les mêmes phénomènes se présentent; si l'on étend cette solution sur une planche, elle est d'abord rouge orangé, puis en peu d'heures elle prend un ton plus foncé en s'oxydant à l'air. Lorsqu'elle est dissoute dans une essence, elle est également très-solide, mais sa teinte ne change pas et ne paraît pas s'oxyder. Il est probable que cela tient à ce que l'essence, qui ne se vaporise pas complétement, l'abrite du contact de l'air, tandis que l'alcool l'abandonne à elle-même. Nous avons remarqué que généralement ce sont les bois qui foncent le plus à l'air qui donnent les couleurs les plus solides.

La matière colorante du santal nous paraît contenir un acide que le blanc d'Espagne, qui est un alcali, neutralise. Il fait alors virer sa couleur au rose foncé. Cette coloration ne prend plus d'intensité, ne s'oxyde plus à l'air et, dans cet état devient très-fugace; d'où il suit que la solidité de cette couleur nous paraît tenir à la combinaison qui s'opère entre elle et l'oxygène de l'air. Les alcalis réagissent fortement sur elle. Si on la met en présence de la potasse, d'une lessive de cendres, ou de la soude, elle prend de suite un ton rouge noir. L'ammoniaque a la même action, mais le ton qu'elle lui communique est moins foncé. Si dans une solution alcoolique de santal on ajoute du rocou en poudre sèche, le même phénomène se présente ; si ce n'est que la réaction est inverse, la couleur devient brun acajou, cette dernière solution se mêle facilement aux essences ; celle de térébenthine oxygénée dissout directement une assez grande quantité de rocou [1].

1. Le rocou provient des semences du rocouier. « Ces semences, dit M. Guibourt dans son histoire des drogues simples, moins grosses qu'un pois, sont entourées d'une matière gluante d'un rouge vif qui colore fortement les mains. Pour obtenir le rocou, on détache et on rejette la première enveloppe du fruit. On écrase les grains dans des auges de bois et on les délaye dans l'eau chaude ; on jette le tout sur un tamis peu serré. L'eau passe, entraînant avec elle la matière colorante et quelques débris. On la laisse fermenter sur son marc, ce qui atténue et divise davantage la matière colorante ; on la décante et l'on fait sécher la matière à l'ombre. Lorsqu'elle a acquis la consistance d'une pâte solide on en forme des pains. »

Puis il ajoute : « Dans le commerce on entretient sa mollesse en le malaxant de temps en temps avec de l'urine. Le rocou paraît être de nature résineuse, il se ramollit au feu, s'enflamme et brûle avec beaucoup de fumée, en laissant un charbon léger et brillant. »

Si après avoir filtré on colore cette solution d'essence et de rocou, avec du santal par intermède d'alcool, on obtient un ton rouge brun plus harmonieux qu'en ajoutant préalablement le rocou dans la solution alcoolique de santal, mais alors la couleur a encore moins de solidité par cette seconde méthode que par la première. Cependant on peut modifier le ton du santal et lui conserver de la solidité en mettant très-peu de rocou dans l'essence de térébenthine ; deux à trois grammes pour 100 centimètres cubes d'essence suffiraient.

La coloration par le rocou est très-fugace ; mais pourquoi fait-il perdre sa solidité au santal ? Nous pensons que cela tient à la même cause que celle que nous avons attribuée à la gomme-gutte dont on a préalablement coloré l'essence de térébenthine avant d'y mêler le santal par intermède de l'alcool ; en effet le rocou est aussi une matière résineuse qui se dissout en partie dans l'essence ; et si cette dernière en est déjà chargée, elle ne peut plus se mélanger qu'à une petite partie du santal qu'on veut lui faire absorber, d'où il suit que la coloration rouge n'est plus assez forte pour être solide : car une couleur, si résistante qu'elle soit, doit avoir une certaine intensité pour conserver sa valeur ; s'il en est ainsi, on pourrait mettre moins de rocou, comme nous venons de le dire. Mais ici se présente un autre embarras, qui résulte de ce que cette matière colorante a rarement la même force, et de ce qu'elle ne se trouve pas toujours dans les mêmes conditions ; cela peut dépendre de son âge, de son exposition plus ou moins prolongée à l'action de la lumière et des principes ammoniacaux ou autres alcalis qu'elles renferment dans des proportions qui varient. Par suite il est difficile de donner un dosage exact, et on ne peut se servir de cette couleur qu'en tâtonnant ; si on veut l'employer, il ne faut le faire qu'avec modération.

En résumé, les alcalis mêlés au santal lui font perdre sa solidité ; il en est de même des divers sels de plomb.

L'aloès succotrin se dissout parfaitement dans l'alcool et dans l'eau, sauf quelques impuretés. Cette gomme-résine est insoluble à froid dans les essences, même en la dissolvant préalablement dans l'alcool. Lorsqu'on mêle ce soluté alcoolique aux essences, les deux liquides se séparent et l'alcool seul reste chargé de la couleur. Si l'on chauffe, l'aloès se précipite lorsque l'alcool a été vaporisé.

Nous avons dit que cette gomme dissoute dans l'alcool donne une couleur jaune verdâtre ; dans l'eau, sa solution a la même teinte, et si l'on y ajoute de l'acide azotique, la couleur n'est pas modifiée ; mais lorsqu'on fait bouillir ce liquide, il prend de suite une belle nuance rouge qu'il conserve ensuite, et qui est très-solide. Nous avons fait la même expérience en remplaçant l'eau par l'alcool, le résultat a été le même ; mais si l'on mêle cette solution aux essences, la matière colorante se précipite.

La teinte de l'aloès dissous dans l'alcool est ramenée au rouge acajou et au rouge foncé, si l'on y ajoute environ le cinquième ou le quart d'une solution alcoolique de santal. Soit pour 100 centimètres cubes d'alcool coloré par l'aloès, 20 ou 25 centimètres cubes d'alcool coloré par le santal. Les essences précipitent encore ce mélange ; néanmoins cette expérience n'en n'est pas moins curieuse, en ce sens que le santal paraît jouer le même rôle que l'acide azotique dont nous venons de parler. Ceci nous a confirmé dans la pensée que nous avions eue du principe acide que le santal doit contenir.

L'aloès se dissout lorsqu'on le cuit à feu nu dans l'huile de lin et l'essence de térébenthine, à une température bien moins élevée que celle qui est nécessaire pour fondre le copal ; il donne alors une couleur légèrement rouge, mais très-fugace. Nous savons qu'on a fait des vernis au succin colorés par l'aloès, qui a donné une belle couleur rouge brun. Ce vernis avait été fait à feu nu ; il est probable que, dans ce cas, le principe de l'acide succinique que le karabé renferme aura agi sur l'aloès à la manière de l'acide azotique et aura fait virer au rouge sa couleur jaune verdâtre. Nous avons traité les aloès hépathique, des Barbades et caballin, comme nous l'avons dit plus haut, et tous trois se sont comportés de même que le succotrin.

Il y a beaucoup d'autres bois que le santal et le caliatour, parmi ceux qui nous arrivent des îles, qui contiennent des matières colorantes. Les couleurs qu'on peut en extraire qui sont résineuses sont plus solides que celles qui ne le sont pas. Les bois de Brésil, de Fernambouc, de Campêche ou bois d'Inde, ne donnent que des couleurs fugaces non résineuses et ne sont pas solubles dans les essences. Le palissandre paraît plus gras et huileux que résineux; il se dissout bien dans l'alcool; sa couleur violacée est solide, mais elle est précipitée par les essences. L'ébène verte, surtout celle qu'on appelle soufrée, paraît se rapprocher des bois résineux; dissous dans l'alcool, sa couleur est verte olive clair; elle est solide. L'ébène verte brune se dissout également dans l'alcool, qu'elle colore en vert pistache, mais la couleur de ces deux bois ne se mêle pas aux essences. Le courbaril et le thuya articulata d'Afrique ne colorent l'alcool qu'en jaune fauve pâle. Le bois de fer ou de perdrix a presque le même ton, il est seulement un peu plus foncé. L'orseil et le safran dissous dans l'alcool sont de très-belles couleurs : la première est rouge et la deuxième jaune; elles ne sont pas d'une grande solidité et se précipitent dans l'essence.

La résine de quina, préparée par voie de déplacement, est soluble dans l'eau, et plus dans l'alcool; sa couleur n'est pas assez intense. Le ratanhia, préparé par la même méthode, est soluble dans l'alcool, et donne une belle couleur rouge, qui malheureusement se précipite dans les essences avec ou sans l'intermède de l'alcool. Le manioc et la salsepareille se comportent à peu près de même. En général, presque toutes les couleurs extraites de racines ne se mêlent pas aux essences ; l'orcanette cependant s'y dissout très-bien et directement, mais elle est trop fugace. Il en est de même du curcuma (terra merita). Nous avons essayé beaucoup d'autres matières colorantes, mais ces tentatives sont restées infructueuses, et elles ne nous ont pas paru assez intéressantes pour être même mentionnées.

# CHAPITRE III.

## Vernis.

Pour compléter notre travail, nous n'avons plus à nous occuper que des résines à introduire dans l'essence qu'on aura probablement colorée, de manière à composer un vernis brillant, souple, liant et qui puisse résister à l'action des frottements, qualités essentielles que possédaient ceux des anciens maîtres.

Ce choix des résines que nous avons à faire pour

retrouver les vernis qu'ils employaient, paraît difficile au premier abord; mais il se simplifie en recherchant quelles étaient celles dont on savait se servir autrefois, la valeur relative qu'elles ont entre elles, et dans quel excipient elles peuvent être dissoutes.

Nous avons vu qu'Alexis le Piémontais, en 1550, et Fioravanti, en 1564, employaient les résines que nous allons transcrire pour faire leur vernis :

1° Le mastic en larmes.

2° La sandaraque.

3° Le benjoin.

4° La térébenthine de Venise.

Ils ont indiqué, en outre, la résine de pin grasse; elle n'a pas plus de valeur que notre galipot, et ne peut être employée que dans les vernis communs.

Le vernis d'ambre, mélange d'huile et de poix grecque, laquelle provient des sapins de la Calabre.

Les encens mâle ou blanc et femelle[1], appelés

---

1. On donnait autrefois le nom d'encens mâle à celui de première qualité, à larmes brillantes; et on appelait encens femelle celui de deuxième qualité, dont les larmes étaient plus ternes.

aussi oliban ; ces gommes-résines sont peu solubles à froid dans l'essence et même dans l'alcool.

Enfin les aloès employés pour colorer les vernis.

En 1625, le P. Zahn, dans l'une de ses formules, prescrit, en outre, des résines susindiquées, l'emploi de celles ci-après :

5° L'élémi.

6° L'animé ou tacamaque.

7° L'ambre blanc, dammar friable ou copal tendre.

Enfin, le P. Bonanni, en 1716, indique, en outre :

8° La gomme laque.

9° Le copal dur.

10° Le copal demi-dur.

11° Et le succin, qui porte aussi les noms de karabé et d'ambre.

Parmi ces onze résines, qui sont les seules encore employées aujourd'hui, le benjoin, la gomme laque et la sandaraque ne sont solubles que dans l'alcool à froid, ou au bain-marie. Nous avons vu que, lorsque le P. Bonanni a publié son traité des vernis, en 1716, on ne savait pas encore faire dissoudre les copals dur et demi-dur, ainsi que le succin ; que ce n'est qu'en 1744 que Martin a trouvé le moyen d'en faire des vernis, en les cuisant à feu nu, à une haute température. Du reste, nous l'avons déjà dit, les copals, le succin et la gomme laque ne peuvent pas être employés dans les vernis dont nous nous occupons, parce que ces matières les rendraient trop durs. Nous n'avons donc plus à choisir que dans les cinq autres résines, savoir :

1° Le mastic en larmes,

2° L'élémi,

3° L'animé ou tacamaque,

4° Le dammar friable,

5° La térébenthine de Venise[1].

On peut ajouter ici la sandaraque, qui peut être cuite à feu nu dans l'huile et l'essence, à une température peu élevée (100 degrés environ); elle n'a pas plus de valeur que le dammar friable.

Nous pourrions terminer ici notre travail, en for-

---

1. Elle provient du mélèze, mais dans le commerce on donne généralement ce nom aux térébenthines à odeur de citron. Il y en a d'autres qui sont aussi employées : ce sont celles de Bordeaux, de Strasbourg, d'Alsace, de Suisse, du Canada et de Chio ; cette dernière est rare.

mulant un vernis avec deux ou trois de ces résines; mais il nous a paru préférable de donner quelques principes sur les vernis aussi succinctement que possible, afin de mettre chacun à même de comprendre et d'apprécier.

Les résines employées dans la fabrication des vernis sont dures ou tendres, et ces dernières se subdivisent en sèches et molles. On peut les diviser de la manière suivante : tout arbitraire que puisse être ce classement, en ce sens, que ces résines ont des qualités qui leur sont propres et qui les distinguent les unes des autres, bien que nous les rangions dans la même catégorie, il est néanmoins suffisant pour nous faire comprendre.

| Résines dures | Tendres. | |
|---|---|---|
| | Sèches. | Molles. |
| 1° Copal dur. | 5° Sandaraque. | 8° Benjoin. |
| 2° Copal demi-dur. | 6° Mastic en larmes. | 9° Élémi. |
| 3° Succin. | 7° Dammar friable. | 10° Animé. |
| 4° Gomme laque. | | 11° Les térébenth. |

Les résines dures donnent de la solidité, mais employées seules, le vernis qu'on en obtiendrait se gercerait ou s'écaillerait facilement sous le moindre choc[1].

Les résines sèches empêchent celles trop dures de s'écailler et leur donnent du brillant ; employées seules, elles farineraient.

Enfin, les résines molles n'ont aucune solidité par elles-mêmes ; mais elles communiquent de la souplesse aux résines dures, empêchent celles qui sont sèches de fariner, et par suite rendent les unes et les autres plus résistantes et leur donnent du brillant.

L'art de fabriquer les vernis consiste donc à faire un mélange convenable de résines dures avec des résines sèches et des résines molles, dans des proportions diverses, suivant l'usage auquel on les destine.

1. Le faïençage des vernis tient à plusieurs causes. Cela peut dépendre de ce que le vernis était trop épais, de ce qu'on aura employé des résines dures sans adjonction de résines molles pour lui donner du liant, de ce qu'on aura posé la seconde couche avant que la première ait parfaitement séché. D'où il suit que cette première couche ainsi enfermée ne pouvant plus sécher, se contracte, entraîne dans ses mouvements la couche de dessus, qui, alors se fend. Enfin le vernis à l'essence surtout peut rider lorsqu'on en met une trop grande épaisseur par un temps humide, ou d'une chaleur extrême.

Dans les vernis à l'alcool, il faut adjoindre les résines molles aux résines sèches, afin de leur donner de la souplesse et de la solidité, parce que l'alcool ne les améliore pas, se vaporise complétement, et les laisse dans leur état primitif après leur dessiccation. Si l'on mettait trop de résines molles, surtout des térébenthines, on aurait un vernis qui resterait trop longtemps poisseux.

La résine qui résiste le plus à l'action des frottements est le mastic en larmes; mais il n'est pas complétement soluble dans l'alcool, et sa partie la plus gluante, que quelques personnes ont nommée masticine, tombe au fond du récipient. Le mastic se dissout presque en totalité, si on ne le met dans l'alcool que lorsque ce dernier a préalablement dissous les autres résines qui entrent dans la composition du vernis, parce que c'est avec elles que se mêle cette masticine.

Les résines sèches et molles ne peuvent donc donner à elles seules qu'un vernis peu résistant. Pour que celui à l'alcool soit solide, il faut nécessairement qu'il contienne de la gomme laque; mais alors il deviendrait trop dur pour l'objet qui nous occupe, et empêcherait les tables de vibrer.

On voit, par suite, que les formules peuvent varier à l'infini, en mélangeant les résines entre elles de diverses manières, suivant le besoin. C'est par suite de cette nécessité d'applications différentes qu'on trouve une grande quantité de recettes dans les traités de vernis.

Nous nous ferons mieux comprendre par des exemples de formules, dont la quantité d'alcool sera pour toutes de 100 centimètres cubes.

Veut-on un vernis très-dur et solide, on le composera de :

| | |
|---|---|
| Gomme laque.......... | 20 grammes |
| Sandaraque............ | 8    — |
| Élémi................. | 4    — |

La gomme laque, employée seule, ne donne pas de brillant au vernis ; l'élémi et la sandaraque modifieront la gomme laque à cet égard. Pour avoir un vernis plus souple et plus brillant que ce dernier, on changera les proportions des résines ainsi qu'il suit :

Gomme laque.......... 15 grammes

Sandaraque........... 10 —

Élémi............... 8 —

ou bien :

Gomme laque.......... 12 grammes

Sandaraque........... 10 —

Mastic............... 6 —

Élémi............... 4 —

Nous avons diminué la dose de la gomme laque et augmenté celle des raisines souples.

Si l'on a besóin d'un vernis encore moins dur et qui cependant puisse résister aux frottements, on le composera de :

Sandaraque........... 20 grammes

Mastic en larmes....... 10 —

Élémi............... 4 —

ou

Sandaraque........... 25 grammes

Mastic en larmes....... 6 —

Térébenthine de Venise... 10 —

ou bien :

Sandaraque............. 18 grammes
Élémi................. 12    —
Animé................ 3    —

Enfin si l'on veut un vernis brillant, sans solidité, pour des papiers ou autres objets qui ne soient pas sujets à être maniés, on pourra le composer de

Sandaraque............. 30 grammes
Térébenthine de Venise... 10    —

Ces exemples suffisent pour faire comprendre comment on peut formuler un vernis et le modifier suivant l'emploi qu'on veut en faire.

L'alcool ne peut dissoudre les résines que dans la proportion du tiers de son poids. C'est pour cela que les pesées que nous venons d'indiquer pour 100 centimètres cubes d'alcool, ne s'élèvent pas au-dessus de 34 grammes. La térébenthine ne compte pas, elle est en dehors de ce calcul et s'ajoute en sus du poids des autres résines. Comme elle est plus soluble dans l'alcool que ces dernières, on ne doit l'introduire que lorsqu'elles sont dissoutes.

La meilleure formule de vernis à l'alcool pour les instruments de musique est sans contredit celle de Watin. Nous la transcrivons :

| | | |
|---|---|---|
| Sandaraque.............. | 125 grammes | |
| Gomme laque en grains.... | 62 | — 50 cent. |
| Mastic en larmes......... | 62 | — 50 — |
| Élémi................... | 31 | — 25 — |
| Térébenthine de Venise.... | 62 | — 50 — |
| Alcool un litre........... | 1000 centimètres cubes. | |

On voit que Watin a prescrit l'élémi et la térébenthine de Venise pour donner de la souplesse à son vernis, et il a ajouté le mastic en larmes pour lui donner du liant et le rendre plus résistant à l'action du frottement.

Néanmoins ce vernis est loin de satisfaire aux conditions nécessaires ; il serait trop dur, et beaucoup trop corsé ou épais pour pouvoir être facilement étendu. Si l'on se place au point de vue où Watin s'était mis, on reconnaîtra qu'il avait atteint son but, puisqu'il voulait faire un vernis dur. Voici ce qu'il dit :

« Un instrument fait pour être souvent manié exige un vernis dur ; en conséquence on y met une légère dose de gomme laque en grains, car une plus grande quantité le rendrait farineux ; on y met moins de térébenthine, elle s'échauffe dans les mains ; la gomme élémi le fait durcir et supplée à la térébenthine, dont la dose est moindre. »

C'est une erreur contre laquelle nous ne saurions trop nous élever, et qui, nous l'avons dit en commençant, a pris naissance à partir de l'époque à laquelle la fabrication des vernis a commencé à devenir un art. Tous les fabricants (avec raison, en vue des objets sur lesquels leurs vernis devaient être appliqués) n'avaient d'autre préoccupation que de faire des vernis brillants, suffisamment souples, mais surtout solides, résistants et durs. Watin croyait certainement bien faire en rendant son vernis dur, mais il n'était pas luthier, et il ne savait probablement pas que si cela pouvait être une qualité pour un meuble amovible, c'est un défaut grave pour un instrument de musique. Il est probable que si on lui avait indiqué les conditions à remplir, il eût composé son vernis autrement, car il peut être relativement solide sans être dur.

Si, sans aucun doute, il est préférable d'employer les vernis à l'essence, dans le genre de ceux qu'on faisait autrefois avec des résines tendres, il n'est cependant pas douteux que, pour des instruments moins précieux, on pourrait aussi faire un vernis solide à l'alcool avec des résines tendres, en y ajoutant de l'essence grasse, qui ne séchera qu'en communiquant une grande souplesse aux autres résines, ainsi que M. Tripier-Deveaux l'a conseillé ; puis on ajoutera de l'huile de ricin, la seule qui soit soluble dans l'alcool, afin de donner encore plus de solidité au vernis ; il sera nécessairement plus long à sécher que celui à l'alcool pur, mais il s'étendra beaucoup plus facilement. On pourrait le formuler ainsi :

| | |
|---|---|
| Sandaraque.............. | 80 grammes |
| Mastic en larmes......... | 100 — |
| Élémi ................... | 30 — |
| Essence grasse........... | 60 cent. cubes. |
| Huile de ricin............ | 50 — |
| Alcool.................... | 1000 — |

Avant d'y introduire les résines, on colorera l'alcool avec les matières colorantes que nous avons indiquées plus haut; ce qui sera très-facile, puisque dans cet excipient on peut en faire dissoudre un plus grand nombre que dans l'essence. Si l'on voulait ne poser qu'une couche de vernis sur l'instrument, on pourrait augmenter la dose des résines en conservant la même proportion entre elles. Quant à l'essence grasse et à l'huile de ricin, si l'on en mettait trop, le vernis ne sécherait plus. On pourra sans doute augmenter un peu la dose que nous avons indiquée, mais il faudra s'arrêter au point nécessaire pour que le vernis ne reste pas poisseux. Le maximum, à cet égard, nous paraît être : essence grasse, 100 centimètres cubes; huile de ricin 80 centimètres cubes.

Quoi qu'il en soit, un vernis à l'essence et à l'huile sera toujours préférable, parce qu'il sera plus souple et plus solide tout à la fois; examinons succinctement cette question.

Tingry, t. I, p. 226 et 227, s'était contenté de dire : « L'essence a un bien grand avantage sur l'alcool dans la composition des vernis, en ce qu'elle concourt par sa propre substance à la liaison des parties résineuses qui les constituent. L'alcool, au contraire, se dissipe en totalité; aussi les vernis à l'essence sont-ils plus souples, plus brillants et plus solides que ceux à l'alcool. » Cette explication est vraie, mais elle n'apprend rien, dit M. Tripier-Deveaux, qui a donné la véritable raison de ce fait. La voici : « La grande solidité des vernis à l'essence, relativement à ceux à l'alcool, tient uniquement à la présence dans la couche desséchée de la partie de l'essence *non évaporée;* que ce résidu, qui se combine avec les résines, est l'essence grasse[1], ou oxyde d'essence, qui ne peut que s'épaissir et non se solidifier à l'air, ou du moins qu'après un long temps. On comprend dès lors pourquoi les résines dessé-

1. On sait qu'un kilo d'essence produit 100 grammes d'essence grasse, soit un dixième de son poids. C'est par suite de cette observation que M. Tripier-Deveaux a pensé qu'en mêlant à l'alcool 100 grammes d'essence grasse, on se rapprocherait des conditions du vernis à l'essence, dont les neuf dixièmes sont seulement vaporisables, le dernier dixième non vaporisable étant l'essence grasse. On pourrait le faire facilement soi-même, puisqu'il suffit, nous l'avons dit, de mettre de l'essence dans une terrine peu profonde et de l'abandonner à elle-même, jusqu'à ce que l'opération soit terminée, dans un grenier, ou une pièce dont l'air serait renouvelé.

chées du vernis à l'essence, enveloppées d'une pareille matière et protégées par elle contre les effets de l'air, résistent plus à son action destructive que celles du vernis à l'alcool, qui y restent exposées à nu. »

C'est par cette même raison que M. Tripier-Deveaux fait encore observer que les vernis à l'essence, à égalité de composition, fourniront toujours une couche plus molle et conséquemment plus souple que ceux à l'alcool ; qu'ils seront par suite moins faciles à se gercer et plus faciles à se polir.

Après avoir posé ces principes, il ne nous reste plus qu'à formuler le vernis auquel nous nous sommes arrêté. Nous le faisons à froid ou au bain-marie, ce qui est la même chose comme résultat, en ce sens que les résines qu'on peut dissoudre dans le bain-marie sont également solubles à froid, ce n'est qu'une question de temps. Nous opérons ainsi pour deux raisons : la première est que si l'on faisait cuire les résines dans l'essence colorée à feu nu, on pourrait altérer ou carboniser une certaine quantité de la couleur, qui se trouverait ainsi affaiblie ; et la seconde est qu'il y aurait le plus grand danger à dissoudre des résines dans l'essence à feu nu, parce que, lorsqu'elle entrera en ébullition, elle pourra sortir du matras, s'enflammer, faire d'atroces brûlures à l'opérateur et mettre le feu, si à ce moment on perd la tête, au lieu de calmer l'effervescence avec de l'essence froide réservée à cet effet. Les fabricants eux-mêmes qui ont une très grande expérience et une organisation spéciale, n'opèrent, par ordre de la police, qu'en dehors des villes, et s'entourent encore des plus grandes précautions pour éviter l'incendie, ou l'éteindre, s'il venait à se manifester. Aussi, dans les fabriques, on ne confie ce travail qu'à des hommes d'un sang-froid éprouvé. Il serait donc très-imprudent, de la part de personnes qui ne sont pas habituées à ces sortes de manipulations, d'employer cette méthode, même pour faire des essais sur de petites quantités ; nous ne saurions trop insister à cet égard. Ce genre de travail ne peut se faire que dans une fabrique organisée.

Après avoir étudié ci-dessus les formules de vernis qui se fabriquaient aux différentes époques auxquelles travaillaient les luthiers italiens, nous avons dit qu'il serait facile de faire un vernis semblable à ceux qu'ils employaient. On a vu également que les résines dont on se sert aujourd'hui sont les mêmes que celles qui étaient connues à ces époques, sauf les encens, le prétendu vernis d'ambre, la poix grecque, etc. Ces matières résineuses ne pourraient être employées que pour faire des vernis communs; les différences qui existent entre les vernis anciens et ceux qu'on fabrique maintenant, consistent donc en ce qu'on travaille beaucoup mieux les résines aujourd'hui, et qu'on fait cuire à feu nu, à une haute température, les quatre résines dures ci-dessus indiquées, en y comprenant la gomme laque, opération par laquelle on fabrique les vernis gras. Par suite, ils sont plus corsés, plus durs et plus résistants à toutes les intempéries de l'atmosphère.

Nous avons prouvé plus haut qu'il fallait écarter ces quatre résines dures, puis le benjoin, qui n'est pas soluble dans l'essence de térébenthine, et qui, dans les autres essences, ne s'y dissout qu'en se gonflant, ce qui rend le liquide sirupeux. Il en est de même de la sandaraque, si ce n'est qu'on pourrait la faire cuire dans les essences à feu nu, mais cela nous ferait rentrer dans les dangers de cuisson dont nous avons parlé plus haut, et le vernis ne serait pas meilleur que s'il avait été fait avec le copal tendre, qui se dissout très-bien à froid dans les essences.

Ces six résines retranchées, notre choix ne peut plus se faire que parmi les cinq suivantes :

1° Le mastic en larmes qui était la résine qu'on employait le plus depuis l'an 1550. Nous nous en servirons pour faire la base de notre vernis, parce que c'est la résine la plus liante, la plus élastique, si on peut s'exprimer ainsi, celle enfin qui supporte mieux le poli, et l'action des frottements.

2° L'ambre blanc. Nous pensons, ainsi que nous l'avons déjà dit, que c'est la résine qu'on a nommée depuis copal tendre, et qu'on appelle aujourd'hui dammar friable ; elle a peu de valeur employée seule, même dans les essences, qui seules la dissolvent ; mais, à cause de sa sécheresse, elle peut modifier les résines plus molles, et rendre les vernis à l'essence plus siccatifs. Elle pourra donc être employée utilement pour une partie dans les vernis des instruments de musique.

3° Les térébenthines, nous les écarterons, parce qu'elles rendraient le vernis trop poisseux.

4° et 5° L'élémi et l'animé, ces deux résines donneraient beaucoup trop de souplesse aux vernis à l'essence et les rendraient trop mous.

On met quelquefois du camphre même dans les vernis à l'essence pour leur donner de la souplesse. Mais il a une action décolorante assez forte et altère les couleurs. Cette raison suffit pour que nous ne nous en servions pas.

Par suite, nous composerons notre formule ainsi qu'il suit :

Mastic en larmes............... 10 grammes
Dammar friable................. 5 —
Essence colorée suivant l'une des
formules susindiquées......... 100 centim. cub.

Puis, lorsque les résines seront dissoutes, on ajoutera cinq centimètres cubes d'huile de lin non cuite, celle rendue siccative épaissirait trop le liquide, et la litharge qu'elle retient pourrait altérer la couleur. Nous préférons une huile ayant une année au moins depuis sa fabrication à celle qui serait trop récemment préparée, parce qu'elle se sera dépouillée de ses impuretés par le repos. On pourra sans doute augmenter la dose d'huile que nous venons d'indiquer, et la porter même jusqu'à 10 ou 12 centimètres cubes pour 100 d'essence, mais plus on en mettra, moins le vernis sera siccatif.

Manière d'opérer :

Versez dans une bouteille large et à fond plat, 100 centimètres cubes ou plus d'essence colorée. Ajoutez-y 10 grammes pour 100 de verre pilé grossièrement, afin d'empêcher les résines de se coller au fond de la bouteille. Puis mettez le mastic en larmes, qui sera environ vingt-quatre heures à se dissoudre en été, et trente heures en hiver. Lorsqu'il sera fondu, ajoutez-y le dammar friable réduit en poudre, qui mettra à peu près le même temps pour se dissoudre. Il suffira de remuer la bouteille deux ou trois fois chaque jour. Lorsque ces résines seront fondues, vous ajouterez l'huile, on remuera un peu, et le mélange se fera de suite. Il est bien entendu que la formule étant à la dose de 100 centimètres cubes d'essence, soit un dixième de litre; il faudrait augmenter la dose des résines et de l'huile dans la même proportion qu'on augmenterait celle de l'essence. Par suite, si l'on voulait faire 500 centimètres cubes de vernis, soit un demi-litre, il faudrait 50 grammes de mastic, 25 de dammar friable et 25 centimètres cubes d'huile de lin.

Ce vernis fait, il faut boucher là bouteille et le mettre à l'abri d'une lumière trop vive, qui pourrait oxyder la couleur. On laissera reposer pendant douze ou quinze jours, afin que le liquide dépose tous les corps étrangers qu'il peut avoir conservés en suspension. Puis on filtrera au coton[1] ou au papier dans un entonnoir en verre qu'on nettoiera facilement avec de l'alcool. Il ne faut jamais employer un vernis à l'essence trop récemment fait, parce que les résines ne seraient pas assez unies à l'essence; il est préférable de le laisser vieillir pen-

---

1. On filtre au coton, en mettant dans le fond d'un entonnoir de la ouate qu'on aura préalablement bien imbibée du liquide à filtrer. Par-dessus, à un ou deux centimètres du coton, on placera un rond de carton ou de fer-blanc percé de plusieurs trous. Cette précaution a pour but d'empêcher le coton de se soulever lorsqu'on verse le liquide; néanmoins le filtrage au papier est toujours plus fin. Mais par suite il est plus long, surtout si le filtre est mal ployé.

dant six ou huit mois, il n'en aura que plus de corps.

Parmi les cinq résines dont nous avions le choix, nous nous sommes abstenu d'introduire dans ce vernis l'élémi, l'animé et les térébenthines, parce qu'elles l'auraient rendu mou, poisseux, long à sécher et, par suite, peu solide. Nous avons préféré l'assouplir par l'huile de lin qui, en même temps, lui donnera plus de solidité et un aspect plus ferme, plus homogène et se rapprochant davantage des exemples que les luthiers italiens ont laissés.

Nous n'avons mis dans ce vernis que 15 grammes de résine pour 100 centimètres cubes d'essence, parce que, d'une part, les matières colorantes lui donnent déjà beaucoup de corps, que, par suite, si on l'épaississait ou le corsait davantage, il deviendrait difficile à étendre sans faire de taches. On sait qu'il faut une certaine habitude pour bien poser un vernis coloré, parce que toute reprise du pinceau, alors que le vernis a déjà commencé à prendre, marque sans qu'on puisse l'effacer. Cette proportion de 15 pour 100 nous a toujours donné de bons résultats dans l'essence colorée par le santal, ou le santal et caliatour ; mais si l'essence avait été colorée avec la gomme gutte ou le sandragon, il ne faudrait mettre que 12 pour 100 de résine, soit mastic 8 grammes et dammar friable 4 grammes ; la quantité d'huile resterait la même, parce que ces deux résines colorantes donnent plus de corps au vernis que le santal et le caliatour.

La difficulté qu'on peut éprouver à étendre un vernis tient à sa densité plus ou moins grande ; plus il sera épais ou corsé, plus il sera difficile à poser. Pour le rendre plus maniable, il suffira donc de le liquéfier en le chargeant de moins de résines, comme nous venons de le dire ; c'est ce qu'on appelle mettre un vernis à bonne consistance. Afin de faciliter l'extension de la couche, on pourrait employer le moyen indiqué par Alexis et les autres auteurs dont nous avons indiqué les formules de vernis. Il consiste à le chauffer au moment de s'en servir, en mettant le vase, dans lequel on le versera, sur un bain de sable, sur des cendres chaudes, ou même au soleil, pourvu qu'il ne reste pas découvert ; la chaleur, en le liquéfiant, le rendra plus facile à poser. Du reste, ceci dépend de l'habileté de chacun; quant à nous, nous préférons le vernis dans l'état de consistance modérée que donne la formule que nous avons indiquée, parce qu'un vernis trop épais a, en outre, l'inconvénient d'être trop long à sécher et de se rider. Il est donc préférable, sous tous les rapports, de mettre des couches minces, sauf à en poser une de plus, si cela est nécessaire. Trois ou quatre couches nous paraissent suffisantes pour qu'un instrument soit très-bien verni; dans tous les cas, il sera très-essentiel de laisser complétement sécher chaque couche avant d'en mettre une autre, parce qu'autrement, nous le répétons, on s'exposerait à faire faïencer le vernis. On perdra certainement beaucoup moins de temps en attendant huit ou dix jours entre chaque couche, qu'en s'exposant à l'inconvénient que nous venons de signaler, parce qu'alors on serait obligé de détruire ce qu'on aurait fait et de recommencer.

Si le vernis étant trop fort en couleur, il arrivait qu'après une ou deux couches le ton fût suffisant, et que cependant il n'y eût pas assez d'épaisseur de vernis sur l'instrument, on pourrait terminer par une seule couche avec un vernis blanc composé de :

| | | |
|---|---|---|
| Mastic en larmes............. | 20 | grammes |
| Dammar friable............. | 10 | — |
| Essence récemment distillée... | 100 | cent. cubes. |
| Huile de lin................. | 12 | — |

Quoique plus corsé en résines que le vernis à l'essence colorée, il séchera néanmoins plus vite ; mais il faudra que l'essence employée soit la même que celle coloriée qui aura servi à étendre les premières couches : car si elles avaient été posées avec un vernis fait à l'essence de romarin, on ne pourrait par-dessus en mettre un à l'essence de térébenthine sans s'exposer à faire faïencer le vernis ; l'essence de romarin étant plus grasse et plus longue à sécher que celle de térébenthine, il faudrait au moins être très-certain de la parfaite dessiccation des premières couches. Néanmoins, il serait préférable dans ce cas, de faire un vernis blanc à l'essence de romarin, en y faisant dissoudre les résines indiquées dans la formule ci-dessus.

On nous a demandé s'il serait possible de vernir un instrument avec une seule couche; cela n'est pas douteux : il suffira de faire absorber par l'essence autant de couleur qu'elle pourra en dissoudre et d'y incorporer les résines à 30 pour 100 comme dans la formule ci-dessus. Ce vernis, quoique très-corsé, ne sera cependant pas difficile à étendre, car ce n'est jamais la première couche qui peut être embarrassante à poser. Néanmoins, nous préférons, par suite de ce que nous avons dit plus haut, trois ou quatre couches minces à une ou deux couches épaisses, le vernis séchera beaucoup mieux, il ne se gercera pas, il sera plus fin, mieux étendu, et, par suite, beaucoup plus beau.

Un temps sec et chaud convient mieux pour appliquer un vernis à l'essence, parce que les ondes que laissent le pinceau se fonderont plus également; l'humidité fait rider et ternir le vernis. Il faudra éviter de se mettre dans un courant d'air, parce qu'il serait saisi ou ferait prise trop promptement, et qu'on aurait plus de peine à l'étendre sans faire de taches. Enfin, nous pensons qu'il serait préférable de se placer au soleil derrière une fenêtre fermée, parce que la chaleur maintiendrait le vernis liquide et en faciliterait la pose.

Nous avons acquis la certitude, par des expériences répétées pendant trois ans, que ce vernis répond à toutes les conditions nécessaires ; le mastic en larmes et le dammar friable, modifiés l'un par l'autre, lui donnent la solidité qui lui permettra de résister à l'action des frottements, le liant qui l'empêchera de se gercer, le brillant et l'éclat qui en feront la beauté, enfin l'essence et l'huile une souplesse et une solidité qui ne pourra pas nuire à la vibration des tables. Nous sommes convaincu que les anciens luthiers italiens n'ont pas fait autre chose, par cette raison dominante qu'à l'époque à laquelle ils travaillaient on ne savait pas faire autrement.

Tous ces détails dans lesquels nous sommes entré sont peut-être un peu minutieux ; ils nous ont cependant paru nécessaires, afin que chacun fût à même, non-seulement de comprendre les causes qui pourraient les empêcher de réussir et de pouvoir y remédier, mais aussi d'apprécier pourquoi nous avons conseillé l'emploi des résines auxquelles nous nous sommes arrêté.

On pourra peut-être éprouver à la première lec-
ture un certain embarras et craindre que toutes ces
opérations soient bien longues et difficiles à faire.
Cependant elles sont simples et peu occupantes,
car, sauf la coloration de l'essence dans le bain-
marie, chacune de ces opérations pourra se faire
en vaquant à d'autres travaux; pour débarrasser
l'esprit de toutes ces inquiétudes, nous allons les
résumer aussi succinctement que possible.

1° Faites dissoudre 100 grammes de santal rouge
en poudre par litre d'alcool; mettez la bouteille
contenant le liquide dans une étuve, sur un poêle,
ou au soleil; agitez une ou deux fois par jour, laissez infuser pendant dix jours, puis filtrez dans une
bouteille à travers un linge placé sur un entonnoir
en verre que vous couvrirez.

Remettez 100 grammes de santal ou de caliatour
dans cet alcool déjà coloré, et vous continuerez à
opérer comme la première fois.

On procédera de même pour dissoudre le sandragon, si ce n'est que la dose sera réduite à 160 grammes, soit 80 grammes pour chaque solution.

2° Si vous voulez colorer 200 centimètres cubes

d'essence, soit un cinquième de litre, mettez dans la bouteille graduée dont nous avons parlé 300 centimètres cubes d'alcool coloré, ou 400 si vous préférez une couleur très-foncée, mais 300 donnent un ton très-suffisant et plus harmonieux. Placez-la dans le bain-marie, faites réduire à un peu moins de moitié, afin de ne pas mêler trop d'alcool avec l'essence. Si vous avez pris la quantité de 300 centimètres, retirez du bain-marie lorsque le liquide sera descendu à 160 centimètres cubes, laissez-le refroidir avant de mêler l'essence avec l'alcool afin de ne pas précipiter la couleur, ce qui arrive quelquefois, ou faites chauffer les 200 centimètres d'essence au bain-marie de manière à ce qu'elle acquiert à peu près la température de l'alcool. Versez-la dans l'extrait alcoolique que vous venez de faire ; remettez au bain-marie et chauffez jusqu'à ce que le liquide ne bouillonne plus ; l'alcool alors sera vaporisé et les divisions gravées sur la bouteille devront vous indiquer que le liquide sera réduit à 250 centimètres cubes : après qu'il sera refroidi, il diminuera un peu. Néanmoins il vous restera plus de 230 centimètres cubes d'essence, les matières colorantes en ayant augmenté le volume. Si vous voulez modifier le ton des couleurs rouges, ajoutez de la gomme-gutte ou une solution de cette résine et de bitume de Judée.

Nous ne saurions trop recommander, afin d'éviter les accidents, de ne se servir que de bouteilles ou récipients d'un large diamètre et de n'y verser qu'une quantité de liquide qui n'excède pas la moitié de leur capacité ; afin que les vapeurs alcooliques puissent librement circuler, et que lorsque le liquide bout, il ne sorte pas du récipient.

3° Lorsque le liquide est refroidi, mettez vos résines, remuez pour aider l'action solvante de l'essence. Lorsqu'elles seront dissoutes, laissez reposer pendant une quinzaine de jours, afin que le liquide rejette les matières étrangères, ou la couleur carbonisée par la chaleur qu'il peut retenir en suspension ; puis filtrez au papier ; et si le mélange des couleurs avec l'essence a été bien fait, le vernis ne déposera jamais.

On voit que ces opérations ne présentent aucune difficulté ; et nous espérons avoir rendu les manipulations assez pratiques pour qu'elles soient à la portée de tous, et que chaque luthier puisse faire lui-même son vernis. Cela est toujours préférable, parce qu'il est le meilleur appréciateur de ce qui convient à son instrument.

FIN.

# TABLE.



FIN DE LA TABLE.

PARIS. — IMPRIMERIE DE CH. LAHURE ET C<sup>ie</sup>

Rues de Fleurus, 9, et de l'Ouest, 21

9 7 8 2 0 1 9 9 4 8 1 8 4